JN012085

A SYSTEMATIC APPROACH *to* ENGLISH WORDS *for* JUNIOR HIGH SCHOOL STUDENTS

DRILL & EXERCISE

by

YASUSHI SHIMO

SUNDAI BUNKO

はしがき

本書は**『中学版システム英単語〈改訂版〉』**（別売）に準拠し，書きこみ式で英語を覚える練習ノートです。『中学版システム英単語〈改訂版〉』の**〈キー・センテンス〉**（例文）には，中学英語で学ぶ英単語・英熟語はもちろん，英文法も英会話も語法も全ての学習事項が含まれていますので，560ほどの〈キー・センテンス〉を覚えてしまえば，中学レベルをはるかに超えた英語力が手に入ります。

ではどうすれば最も効率よく〈キー・センテンス〉を覚えることができるか。それは自分の目で読み，耳で聞き，声に出し，紙に書くという作業を何度も繰り返すしかありません。まずは次の順番で〈キー・センテンス〉を覚えてください。

①『中学版システム英単語〈改訂版〉』を読んで，例文，単語の意味，語法などを全て確認。

ゆっくりでよいので，納得いくまでこの単語集を読んでください。納得がいかないことは覚えられません。

⬇

②単語集でダウンロードできる例文の音声を聞きながら，声に出して覚える。

単語集に付いているダウンロード音声の【パターン2】は英語例文が３回ずつ収録されていますから，覚えるのに最適です。シャドウイングといって，聞こえてくる英語とほぼ同時に口に出すことが効果的です。発音が下手でも大丈夫。とにかく大きな声で，何度も口に出すことが大事です。

※音声ダウンロードについての詳細は『中学版システム英単語〈改訂版〉』をご参照ください。

⬇

③『中学版システム英単語〈改訂版対応〉書きこみ練習ノート』（本書）で単語・例文を書く。

書くときはじっくりと集中して書きましょう。覚えたい，という気持ちが大事です。もし書き足りないと感じた場合は，自分のノートを用意して納得いくまで書いてください。たくさん書くから，書けるようになるのです。

⬇

④ダウンロード音声で再確認。

音声を聞きながら，つづり字が頭に浮かべば一応大丈夫。もし浮かばなかったら，ダウンロード音声でまたシャドウイングしてください。

これだけやれば，頭に入るはずです。けれども，そこで放っておくとせっかく覚えたこともやがて忘れてしまいます。長期的な記憶として定着させるためには，最低でも6，7回覚え直す必要があると言われています。心配しなくても，2度目以降はすぐに覚え直せますからさほど時間はかかりません。できるだけ間をおかずに，繰り返し単語集を見ながらダウンロード音声で何度も確認してください。

英語を学ぶことで，皆さんの世界が広がってゆくことを祈っています。

2021年　春

著者しるす

『中学版システム英単語〈改訂版対応〉書きこみ練習ノート』構成と使い方

本書のセクション（§）や単語・例文の番号は,『中学版システム英単語〈改訂版〉』（別売）のものに対応しています。

☆「書きこみ」で覚える！

本書は，単語や例文〈キー・センテンス〉を実際に「書きこむ」ことで，記憶の定着をはかるよう構成されています。単語・例文を覚えるための練習ノートとして，また，身につけた知識を確認するための問題集として用いることができます。直接書きこむだけでなく，自分のノートを使って何度も書いたり，声に出して読みながら書いたり，単語集に付属しているダウンロード音声を聞き取りながら書きこんでディクテーションの練習にしたり，いろいろな使い方を工夫してみましょう。

☆本書の構成と使い方

1 英単語の確認と3回書きこみ

『中学版システム英単語〈改訂版〉』の全見出し単語が掲載されています。つづりと発音，主な意味を確認して，右横の欄に書きこんでいきましょう。一度に3回書きこんでもいいですし，1回目はつづりを見ながら，2回目は単語を隠して…のようにしてもよいでしょう。

2 キー・センテンスの空所補充

『中学版システム英単語〈改訂版〉』の562例文〈キー・センテンス〉の空所補充です。日本語訳を参考にして，例文を完成させましょう。例文中の，見出し語と関連のある前置詞（単語集では下線付きの赤字斜体になっている語）や一部の活用形の語尾などは薄い黒字になっていますのでヒントにしてください。

各ステップの最後には例文がまとめて掲載されています。空所補充の答え合わせや，単語集付属の音声を聞くときなどに例文をまとめてチェックするのにも使えます。

3 書きこみ文法チェック

単語集に掲載されている「文法チェック」から，一部の表や例文を載せてあります。表や例文は薄い赤字になっていますので，上からなぞって書きこんだり，単語集付属の赤シートで隠したりして確認しましょう。

・ 2ページからの本編は，本書を横向きにして使用します（下図参照）。
・ 各セクションごとに，［英単語の確認→キー・センテンスの空所補充］の順に構成されています。

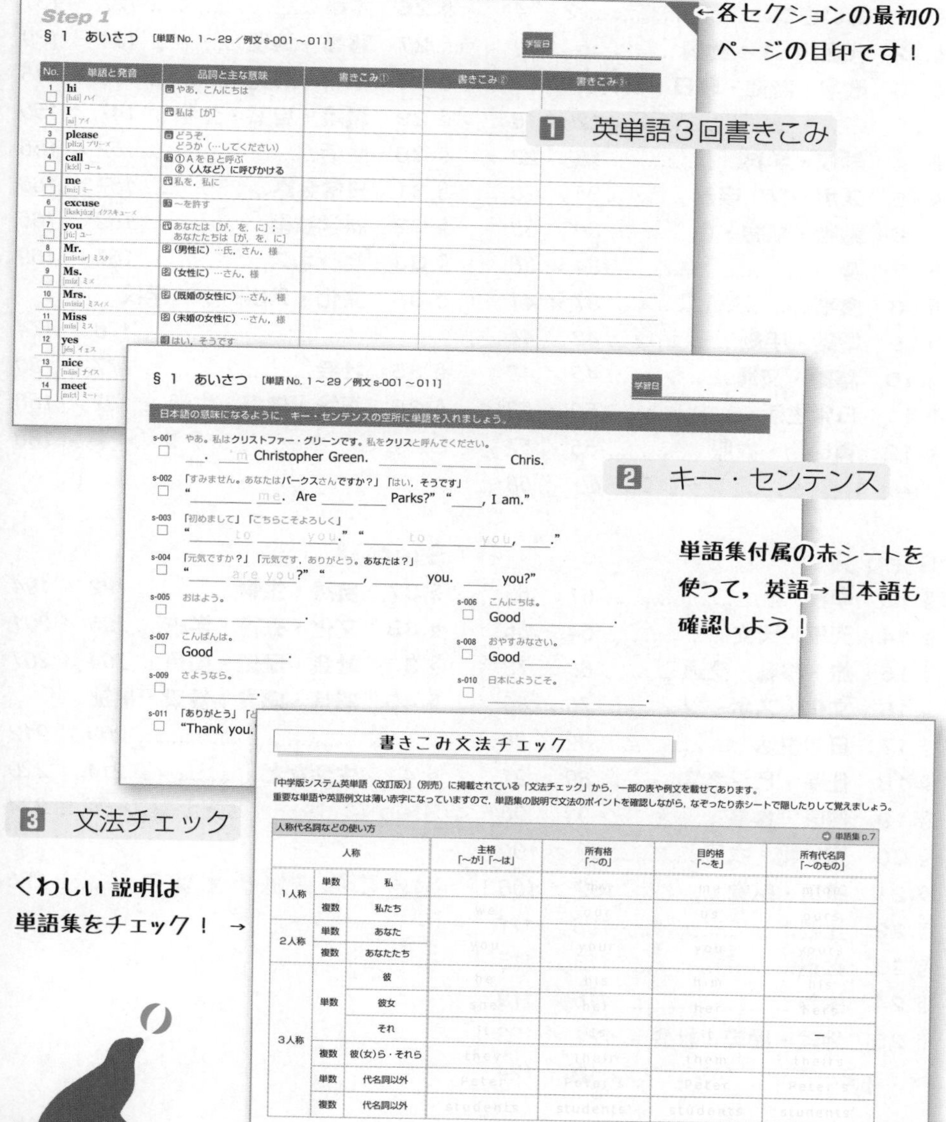

Step 1

§ 1　あいさつ　[単語 No. 1～29／例文 s-001～011]　　学習日　　.　.

←各セクションの最初のページの目印です！

No.	単語と発音	品詞と主な意味	書きこみ①	書きこみ②	書きこみ③
1 ☐	**hi** [hái] ハイ	間 やあ，こんにちは			
2 ☐	**I** [ai] アイ	代 私は［が］			
3 ☐	**please** [plíːz] プリーズ	副 どうぞ，どうか（…してください）			
4 ☐	**call** [kɔ́ːl] コール	動 ① A を B と呼ぶ ②〈人など〉に呼びかける			
5 ☐	**me** [miː] ミー	代 私を，私に			
6 ☐	**excuse** [ikskjúːz] イクスキューズ	動 ～を許す			
7 ☐	**you** [júː] ユー	代 あなたは［が，を，に］；あなたたちは［が，を，に］			
8 ☐	**Mr.** [místər] ミスタ	名（男性に）…氏，さん，様			
9 ☐	**Ms.** [míz] ミズ	名（女性に）…さん，様			
10 ☐	**Mrs.** [mísiz] ミスィズ	名（既婚の女性に）…さん，様			
11 ☐	**Miss** [mís] ミス	名（未婚の女性に）…さん，様			
12 ☐	**yes** [jés] イェス	副 はい，そうです			
13 ☐	**nice** [náis] ナイス				
14 ☐	**meet** [míːt] ミート				

1　英単語3回書きこみ

§ 1　あいさつ　[単語 No. 1～29／例文 s-001～011]　　学習日　　.　.

日本語の意味になるように，キー・センテンスの空所に単語を入れましょう。

s-001 ☐ やあ。私はクリストファー・グリーンです。私をクリスと呼んでください。
___. ___m Christopher Green. ___ ___ ___ Chris.

s-002 ☐「すみません。あなたはパークスさんですか？」「はい，そうです」
"___ me. Are ___ ___ Parks?" "___, I am."

s-003 ☐「初めまして」「こちらこそよろしく」
"___ to ___ you." "___ to ___ you, ___."

s-004 ☐「元気ですか？」「元気です，ありがとう。あなたは？」
"___ are you?" "___, ___ you. ___ you?"

s-005 ☐ おはよう。
___ ___.

s-006 ☐ こんにちは。
Good ___.

s-007 ☐ こんばんは。
Good ___.

s-008 ☐ おやすみなさい。
Good ___.

s-009 ☐ さようなら。
___.

s-010 ☐ 日本にようこそ。
___ ___ ___.

s-011 ☐「ありがとう」「
"Thank you."

2　キー・センテンス

単語集付属の赤シートを使って，英語→日本語も確認しよう！

書きこみ文法チェック

「中学版システム英単語〈改訂版〉」（別売）に掲載されている「文法チェック」から，一部の表や例文を載せてあります。
重要な単語や英語例文は薄い赤字になっていますので，単語集の説明で文法のポイントを確認しながら，なぞったり赤シートで隠したりして覚えましょう。

人称代名詞などの使い方　　単語集 p.7

人称			主格「～が」「～は」	所有格「～の」	目的格「～を」	所有代名詞「～のもの」
1人称	単数	私	I	my	me	mine
	複数	私たち	we	our	us	ours
2人称	単数	あなた	you	your	you	yours
	複数	あなたたち				
3人称	単数	彼	he	his	him	his
		彼女	she	her	her	hers
		それ	it	its	it	—
	複数	彼(女)ら・それら	they	their	them	theirs
	単数	代名詞以外	Peter	Peter's	Peter	Peter's
	複数	代名詞以外	students	students'	students	students'

226

3　文法チェック

くわしい説明は単語集をチェック！ →

Contents

＊各セクションの数字は〔単語の確認開始ページ／例文空所補充開始ページ〕を表しています。

Step 1
中１レベルの英単語・英熟語 500

Step 2
中２，中３レベルの英単語・英熟語 500

Step 3
高校入試に必要な英単語・英熟語 500

Step 4
高校英語への英単語・英熟語 300

次のページからはじまるよ
本を横にして使ってね

Step 1

§ 1　あいさつ　[単語 No. 1 ～ 29 ／例文 s-001 ～ 011]

学習日　．　．

No.	単語と発音	品詞と主な意味	書きこみ①	書きこみ②	書きこみ③
1 □	**hi** [hái] ハイ	間 やあ，こんにちは			
2 □	**I** [ai] アイ	代 私は［が］			
3 □	**please** [plí:z] プリーズ	間 どうぞ， どうか（…してください）			
4 □	**call** [kɔ́:l] コール	動 ① A を B と呼ぶ ② 〈人など〉に呼びかける			
5 □	**me** [mi:] ミー	代 私を，私に			
6 □	**excuse** [ikskjú:z] イクスキューズ	動 ～を許す			
7 □	**you** [jú:] ユー	代 あなたは［が，を，に］； あなたたちは［が，を，に］			
8 □	**Mr.** [místə*r*] ミスタ	名（男性に）…氏，さん，様			
9 □	**Ms.** [míz] ミズ	名（女性に）…さん，様			
10 □	**Mrs.** [mísiz] ミスィズ	名（既婚の女性に）…さん，様			
11 □	**Miss** [mís] ミス	名（未婚の女性に）…さん，様			
12 □	**yes** [jés] イェス	副 はい，そうです			
13 □	**nice** [náis] ナイス	形 ①よい，りっぱな ②親切な			
14 □	**meet** [mí:t] ミート	動 ～に会う，～と約束して会う			

15 ☐	**too** [tú:] トゥー	副 ①～もまた，同様に ②あまりにも，～すぎ			
16 ☐	**how** [háu] ハウ	副 ①どんな状態で ②どのように，どんな方法で			
17 ☐	**fine** [fáin] ファイン	形 ①元気な ②すばらしい，きれいな			
18 ☐	**thank** [θǽŋk] サンク	動〈人〉に感謝する，礼を言う			
19 ☐	**and** [ənd] アンド	接 ①そして，…と ②そうすれば			
20 ☐	**good** [gúd] グド	形 ①よい，すばらしい，正しい ②上手な			
21 ☐	**morning** [mɔ́:rniŋ] モーニング	名 朝，午前			
22 ☐	**afternoon** [æ̀ftərnú:n] アフタヌーン	名 午後			
23 ☐	**evening** [í:vniŋ] イーヴニング	名 夕方，晩			
24 ☐	**night** [náit] ナイト	名 夜，晩			
25 ☐	**goodbye** [gùdbái] グドバイ	間 さようなら			
26 ☐	**welcome** [wélkəm] ウェルカム	間 ようこそ，いらっしゃい 動〈人〉を歓迎する			
27 ☐	**to** [tú:] トゥー	前〈方向・到達点〉に，～へ			
28 ☐	**Japan** [dʒəpǽn] ヂャパン	名 日本			
29 ☐	**You're welcome.**	どういたしまして。			

§ 1　あいさつ　[単語 No. 1 ～ 29 ／例文 s-001 ～ 011]

学習日　　.　　.

日本語の意味になるように，キー・センテンスの空所に単語を入れましょう。

s-001　やあ。私はクリストファー・グリーンです。私をクリスと呼んでください。

☐ ___. ___'m Christopher Green. ______ ______ ______ Chris.

s-002　「すみません。あなたはパークスさんですか？」「はい，そうです」

☐ "______ me. Are ______ ______ Parks?" "______, I am."

s-003　「初めまして」「こちらこそよろしく」

☐ "______ to ______ you." "______ to ______ you, ______."

s-004　「元気ですか？」「元気です，ありがとう。あなたは？」

☐ "______ are you?" "______, ______ you. ______ you?"

s-005　おはよう。

☐ ______ ______.

s-006　こんにちは。

☐ Good ______.

s-007　こんばんは。

☐ Good ______.

s-008　おやすみなさい。

☐ Good ______.

s-009　さようなら。

☐ ______.

s-010　日本にようこそ。

☐ ______ ______ ______.

s-011　「ありがとう」「どういたしまして」

☐ "Thank you." "______ ______."

§2 代名詞・be 動詞 [単語 No. 30 ~ 98 /例文 s-012 ~ 028]

学習日 　・　・

No.	単語と発音	品詞と主な意味	書きこみ①	書きこみ②	書きこみ③
30 □	**this** [ðís] ズィス	代 これは [が，を] 形 この			
31 □	**she** [ʃíː] シー	代 彼女は [が]			
32 □	**my** [mai] マイ	代 私の			
33 □	**classmate** [klǽsmèit] クラスメイト	名 クラスメート，同級生			
34 □	**we** [wíː] ウィー	代 私たちは [が]			
35 □	**friend** [frénd] フレンド	名 友だち			
36 □	**what** [*h*wʌ́t] ワト	代 何，どんなもの 形 何の，どんな			
37 □	**it** [it] イト	代 それは [が，を，に]			
38 □	**a** [ə] ア	冠 ある，1つの			
39 □	**notebook** [nóutbùk] ノウトブク	名 ノート			
40 □	**pen** [pén] ペン	名 ペン			
41 □	**pencil** [pénsl] ペンスル	名 えんぴつ			
42 □	**paper** [péipə*r*] ペイパ	名 ①紙 ②新聞			
43 □	**eraser** [iréisə*r*] イレイサ	名 消しゴム；黒板ふき			

44 ☐	**that** [ðǽt] ザト	代 あれは［が，を］ 形 あの，その			
45 ☐	**your** [júər] ユア	代 あなた（たち）の			
46 ☐	**English** [íŋgliʃ] イングリシュ	名 英語 形 英語の，イングランド（人）の			
47 ☐	**teacher** [tíːtʃər] ティーチャ	名 先生，教師			
48 ☐	**he** [hi] ヒ	代 彼は［が］			
49 ☐	**no** [nóu] ノウ	副 いいえ，いや 形 ひとつも…ない			
50 ☐	**where** [hwéər] ウェア	副 どこで［に，へ］			
51 ☐	**from** [frəm] フラム	前 ～の出身で，～から			
52 ☐	**come** [kʌ́m] カム	動 来る			
53 ☐	**America** [əmérikə] アメリカ	名 アメリカ；アメリカ大陸			
54 ☐	**American** [əmérikən] アメリカン	形 アメリカ（人）の 名 アメリカ人			
55 ☐	**Canada** [kǽnədə] キャナダ	名 カナダ			
56 ☐	**Canadian** [kənéidiən] カネイディアン	形 カナダ（人）の 名 カナダ人			
57 ☐	**Britain** [brítn] ブリトン	名 イギリス			
58 ☐	**British** [brítiʃ] ブリティシュ	形 イギリス（人）の 名 イギリス人			
59 ☐	**India** [índiə] インディア	名 インド			
60 ☐	**Indian** [índiən] インディアン	形 インド（人）の 名 インド人			

61 □	**Australia** [ɔ(:)stréiljə] オ(ー)ストレイリャ	名 オーストラリア			
62 □	**Australian** [ɔ(:)stréiljən] オ(ー)ストレイリャン	形 オーストラリア（人）の 名 オーストラリア人			
63 □	**China** [tʃáinə] チャイナ	名 中国			
64 □	**Chinese** [tʃàiní:z] チャイニーズ	形 中国（人）の 名 中国人，中国語			
65 □	**Korea** [kərí:ə] カリーア	名 韓国，朝鮮			
66 □	**Korean** [kərí:ən] カリーアン	形 韓国（人）の，朝鮮（人）の 名 韓国［朝鮮］人，韓国［朝鮮］語			
67 □	**picture** [píktʃər] ピクチャ	名 ①写真 ②絵			
68 □	**of** [əv] オヴ	前 ①～の　②～の中で ③～について　④〈材料〉で			
69 □	**family** [fǽməli] ファミリ	名 家族			
70 □	**father** [fá:ðər] ファーザ	名 父，父親，お父さん			
71 □	**brother** [brʌ́ðər] ブラザ	名 兄弟，兄，弟			
72 □	**who** [hú:] フー	代 誰（が［を，に］），どんな人			
73 □	**girl** [gə́:rl] ガール	名 女の子，少女			
74 □	**sister** [sístər] スィスタ	名 姉妹，姉，妹			
75 □	**her** [hər] ハ	代 ①彼女の ②彼女に［を］			
76 □	**name** [néim] ネイム	名 名前 動 ～を名づける			
77 □	**son** [sʌ́n] サン	名 息子			

78 □	**daughter** [dɔ́:tər] ドータ	名 娘			
79 □	**they** [ðéi] ゼイ	代 彼らは［が］，それらは［が］；（ある地域・店などの）人たちは［が］			
80 □	**not** [nát] ナト	副 ～でない，～しない			
81 □	**in** [in] イン	前〈場所〉に，～の中に 副 ①中に　②在宅して			
82 □	**now** [náu] ナウ	副 ①今（では），現在 ②さて，さあ			
83 □	**their** [ðéər] ゼア	代 彼らの			
84 □	**mother** [mʌ́ðər] マザ	名 母，母親，お母さん			
85 □	**doctor** [dáktər] ダクタ	名 医者			
86 □	**his** [hiz] ヒズ	代 彼の；彼のもの			
87 □	**bag** [bǽg] バグ	名 かばん，バッグ			
88 □	**mine** [máin] マイン	代 私のもの			
89 □	**these** [ðí:z] ズィーズ	代 これらは［が，を］ 形 これらの			
90 □	**our** [áuər] アウア	代 私たちの			
91 □	**those** [ðóuz] ゾウズ	代 それらは［が，を］ 形 それらの			
92 □	**yours** [júərz] ユア	代 あなた（たち）のもの			
93 □	**whose** [hú:z] フーズ	代 ①誰の（もの） ②その人の			
94 □	**car** [ká:r] カー	名 車，自動車			

95 ☐	**parent** [péərənt] ペアレント	名 親〈父または母〉，両親			
96 ☐	**house** [háus] ハウス	名 家，家屋			
97 ☐	**next** [nékst] ネクスト	形 ① A の隣に　**②次の** 副 **次に**			
98 ☐	**hers** [hə́ːrz] ハーズ	代 彼女のもの			

§2 代名詞・be 動詞 [単語 No. 30 ~ 98 /例文 s-012 ~ 028]

学習日 　　. 　　.

日本語の意味になるように，キー・センテンスの空所に単語を入れましょう。

s-012 こちらはスーザンです。彼女は私の同級生です。

☐ ______ is Susan. _____ is ____ ____________.

s-013 私たちはいい友だちです。

☐ ____ are good ________s.

s-014 「これは何ですか？」「それはノートです」

☐ "______ is this?" "_____'s __ ____________."

s-015 あれがあなたの英語の先生です。

☐ ______ is ______ _________ _________.

s-016 「彼はアメリカ人ですか？」「いいえ，違います」

☐ "Is ___ an ___________?" "___, he isn't."

s-017 「彼はどこの出身ですか？」「彼はカナダ出身です」

☐ "________ is he ______?" "He is ______ _________."

s-018 「あなたはどこの出身ですか？」「インド出身です」

☐ "Where do you ______ from?" "I come from ______."

s-019 これは私の家族の写真です。

☐ This is a _________ ___ my _______.

s-020 「こちらはあなたのお父さんですか？」「いいえ。それは私の兄です」

☐ “Is this your ________?” “No. That is my ________.”

s-021 「この女の子は誰ですか？」「彼女は私の妹です」

☐ “______ is this ______?” “She is my ________.”

s-022 彼女の名前はジェーンです。

☐ ______ ________ is Jane.

s-023 私には息子と娘がいます。彼らは今ロンドンにいません。

☐ I have a ______ and a ____________. _______ are _____ ___ London _____.

s-024 彼らの母親は医者です。

☐ ________ __________ is a __________.

s-025 「あれは彼のかばんですか？」「いいえ，違います。それは私のものです」

☐ “Is that ____ _____?” “No, it isn't. It's _______.”

s-026 「これらは私たちのかばんです。それらはあなたのものですか？」「はい，そうです」

☐ “________ are _____ bags. Are ________ ________?” “Yes, they are.”

s-027 「これは誰の車ですか？」「それは私の親のものです」

☐ “_________ _____ is this?” “It's my ________s'.”

s-028 彼の家は彼女の家の隣です。

☐ His ________ is ______ to _____.

§ 3　数字・時刻・曜日・日付　[単語 No. 99 ～ 156 ／例文 s-029 ～ 041]

学習日　　・　・

No.	単語と発音	品詞と主な意味	書きこみ①	書きこみ②	書きこみ③
99 □	**phone** [fóun] フォウン	名 電話（機）			
100 □	**number** [nʌ́mbər] ナンバ	名 数字，数，番号			
101 □	**much** [mʌ́tʃ] マチ	形 副 多量の［に］，大いに 名 多量（のもの）			
102 □	**How much ～ ?**	いくら～？； （量が）どれくらい～？			
103 □	**book** [búk] ブク	名 本			
104 □	**dollar** [dálər] ダラ	名 ドル			
105 □	**time** [táim] タイム	名 ①時間，時，時期 ②～回			
106 □	**What time ～ ?**	何時（に）～？			
107 □	**about** [əbáut] アバウト	副 およそ，約，～ごろ 前 ～について			
108 □	**o'clock** [əklák] オクラク	副 …時			
109 □	**school** [skú:l] スクール	名 学校			
110 □	**start** [stá:rt] スタート	動 ①始まる；～を始める ②出発する			
111 □	**at** [ət] アト	前〈時刻・場所〉に，～で			
112 □	**day** [déi] デイ	名 ①日，曜日 ②日中，昼			

113 □	**today** [tədéi] トゥデイ	副 今日（は） 名 今日			
114 □	**birthday** [bə́ːrθdèi] バースデイ	名 誕生日			
115 □	**on** [ɑn] アン	前 ①〈曜日・日付〉に ②〈場所〉の上に，上で			
116 □	**week** [wíːk] ウィーク	名 週			
117 □	**Sunday** [sʌ́ndei] サンデイ	名 日曜日			
118 □	**Monday** [mʌ́ndi] マンデイ	名 月曜日			
119 □	**Tuesday** [t(j)úːzdei] トゥーズデイ	名 火曜日			
120 □	**Wednesday** [wénzdei] ウェンズデイ	名 水曜日			
121 □	**Thursday** [θə́ːrzdei] サーズデイ	名 木曜日			
122 □	**Friday** [fráidi] フライディ	名 金曜日			
123 □	**Saturday** [sǽtərdei] サタデイ	名 土曜日			
124 □	**holiday** [hɑ́lədèi] ハリデイ	名 休日，祝日，祭日			
125 □	**the** [ðə/ði] ザ／ズィ	冠 その，あの			
126 □	**date** [déit] デイト	名 日付			
127 □	**first** [fə́ːrst] ファースト	名 一日 形 副 第一の［に］，最初の			
128 □	**January** [dʒǽnjuèri] ヂャニュエリ	名 1月			
129 □	**February** [fébjuèri] フェビュエリ	名 2月			

130 ☐	**March** [mɑ́ːrtʃ] マーチ	名 3月			
131 ☐	**April** [éiprəl] エイプリル	名 4月			
132 ☐	**May** [méi] メイ	名 5月			
133 ☐	**June** [dʒúːn] ヂューン	名 6月			
134 ☐	**July** [dʒulái] ヂュライ	名 7月			
135 ☐	**August** [ɔ́ːgəst] オーガスト	名 8月			
136 ☐	**September** [septémbər] セプテンバ	名 9月			
137 ☐	**October** [ɑktóubər] アクトウバ	名 10月			
138 ☐	**November** [nouvémbər] ノウヴェンバ	名 11月			
139 ☐	**December** [disémbər] ディセンバ	名 12月			
140 ☐	**in** [in] イン	前〈月・年・季節など〉に 副 ①中に　②在宅して			
141 ☐	**season** [síːzn] スィーズン	名 季節			
142 ☐	**year** [jíər] イア	名 年，1年；歳			
143 ☐	**spring** [spríŋ] スプリング	名 春			
144 ☐	**summer** [sʌ́mər] サマ	名 夏			
145 ☐	**fall** [fɔ́ːl] フォール	名 秋 動 落ちる			
146 ☐	**winter** [wíntər] ウィンタ	名 冬			

147 □	**month** [mʌ́nθ] マンス	名（暦の）月，ひと月			
148 □	**happy** [hǽpi] ハピ	形 楽しい，幸福な，うれしい			
149 □	**new** [n(j)úː] ヌー［ニュー］	形 新しい			
150 □	**old** [óuld] オウルド	形 古い，年をとった			
151 □	**How old ～?**	（～は）何歳か？			
152 □	**～ years old**	～歳			
153 □	**grandmother** [grǽnmʌ̀ðər] グランマザ	名 祖母，おばあちゃん			
154 □	**grandfather** [grǽndfɑ̀ːðər] グランドファーザ	名 祖父，おじいちゃん			
155 □	**grandparent** [grǽndpèərənt] グランドペアレント	名 祖父母			
156 □	**grandchild** [grǽntʃàild] グランチャイルド	名 孫			

§ 3　数字・時刻・曜日・日付　[単語 No. 99 ~ 156 ／例文 s-029 ~ 041]

学習日　　.　　.

日本語の意味になるように，キー・センテンスの空所に単語を入れましょう。

s-029 私の電話番号は 1234-56789 です。
☐ My ______ ______ is 1234-56789.

s-030 「この本はいくらですか？」「12 ドルです」
☐ "______ ______ is this ______?" "It's twelve ______s."

s-031 「今何時ですか？」「3時ごろです」
☐ "______ ______ is it?" "It is ______ three ______."

s-032 学校は 8 時 20 分に始まります。
☐ ______ ______s ___ 8:20.

s-033 「今日は何曜日ですか？」「日曜日です」
☐ "What ______ is it ______?" "It's ______."

s-034 あなたの誕生日は土曜日です。
☐ Your ______ is ___ ______.

s-035 今週の月曜日は休日だ。
☐ This ______ is a ______.

s-036 ☐ 「今日は何日ですか？」「2月1日です」

“What’s ____ ______ today?”

“It’s ____________ ______.”

s-037 ☐ 私の誕生日は9月です。

My birthday is __ ______________.

s-038 ☐ 1年には4つの季節がある。

We have four __________s in a _____.

s-039 ☐ 春の月は3月，4月，5月です。

The _________ _________s are ________, ______ and _____.

s-040 ☐ 新年おめでとう。

_________ ______ ______.

s-041 ☐ 「あなたのおばあさんは何歳ですか？」「75歳です」

“______ ____ is your _________________?”

“She is seventy-five _______ ____.”

§ 4　学校・学科　[単語 No. 157 ～ 213 ／例文 s-042 ～ 063]

学習日　　・　・

No.	単語と発音	品詞と主な意味	書きこみ①	書きこみ②	書きこみ③
157 □	**go** [góu] ゴウ	動 ①行く，去る ②〈ある状態〉になる			
158 □	**by** [bai] バイ	前 ①〈手段〉によって ②〈時〉までに			
159 □	**bike** [báik] バイク	名 自転車			
160 □	**open** [óupn] オウプン	動（本・窓などを）開く；始まる 形 開いている			
161 □	**textbook** [tékstbùk] テクストブク	名 教科書			
162 □	**page** [péidʒ] ペイヂ	名 ページ			
163 □	**repeat** [ripí:t] ゥリピート	動（～を）繰り返して言う，繰り返す			
164 □	**after** [ǽftər] アフタ	前 ～の後に			
165 □	**Let's V …** [léts] レッ	V しましょう			
166 □	**read** [rí:d] ゥリード	動（～を）読む，読書する			
167 □	**together** [təgéðər] トゥゲザ	副 一緒に，共に			
168 □	**listen** [lísn] リスン	動 聞く，耳をかたむける			
169 □	**carefully** [kéərfəli] ケアフリ	副 注意して，注意深く			
170 □	**quiet** [kwáiət] クワイエト	形 静かな，おとなしい			

171 ☐	**look** [lúk] ルク	動 ①Aを見る ②Cに見える　③ほら			
172 ☐	**blackboard** [blǽkbɔ̀ːrd] ブラクボード	名 黒板			
173 ☐	**have** [hǽv] ハヴ	動 ①～を持っている ②～を食べる，飲む			
174 ☐	**question** [kwéstʃən] クウェスチョン	名 質問，問い 動 ～に質問する			
175 ☐	**word** [wə́ːrd] ワード	名 語，単語，言葉			
176 ☐	**Japanese** [dʒæ̀pəníːz] ヂャパニーズ	名 日本語；日本人 形 日本の，日本人の，日本語の			
177 ☐	**all** [ɔ́ːl] オール	代 全部　形 全部の 副 まったく，すべて			
178 ☐	**stand** [stǽnd] スタンド	動 立つ，立っている			
179 ☐	**up** [ʌ́p] アプ	副 上に，上の方へ			
180 ☐	**sit** [sít] スィト	動 座る			
181 ☐	**down** [dáun] ダウン	副 下に，下の方へ			
182 ☐	**student** [st(j)úːdnt] ストゥーデント	名 学生			
183 ☐	**junior high school** [dʒúːnjər] ヂューニャ	中学校			
184 ☐	**speak** [spíːk] スピーク	動〈言語〉を話す； 話す，しゃべる			
185 ☐	**foreign** [fɑ́rən] ファリン	形 外国の			
186 ☐	**language** [lǽŋgwidʒ] ラングウィヂ	名 言語，言葉			
187 ☐	**study** [stʌ́di] スタディ	動（～を）勉強する			

188 ☐	**hard** [há:rd] ハード	副 一生懸命に 形 むずかしい；かたい			
189 ☐	**every** [évri] エヴリ	形 ①毎… ②あらゆる，すべての			
190 ☐	**How long ～?**	どれくらい（長く）～?			
191 ☐	**class** [klǽs] クラス	名 ①授業 ②学級，クラス			
192 ☐	**minute** [mínət] ミニト	名 分			
193 ☐	**do** [du] ドゥ	助 (Do SV～?)SはVするのか? 動〈仕事・行動など〉をする			
194 ☐	**like** [láik] ライク	動 ～を好む			
195 ☐	**math** [mǽθ] マス	名 数学			
196 ☐	**science** [sáiəns] サイエンス	名 科学			
197 ☐	**social studies** [sóuʃl] ソウシュル	社会科			
198 ☐	**history** [hístəri] ヒスタリ	名 歴史			
199 ☐	**P.E.**	名 体育			
200 ☐	**music** [mjú:zik] ミューズィク	名 音楽			
201 ☐	**fine arts** [á:rts] アーツ	（教科としての）美術			
202 ☐	**teach** [tí:tʃ] ティーチ	動 ～を教える			
203 ☐	**high** [hái] ハイ	形〈高さが〉高い， 〈値段・程度などが〉高い			
204 ☐	**easy** [í:zi] イーズィ	形 かんたんな			

205 ☐	**but** [bət] バト	接 しかし，けれども			
206 ☐	**interesting** [íntərəstiŋ] インタレスティング	形〈もの・ことが〉興味深い，おもしろい			
207 ☐	**event** [ivént] イヴェント	名 行事，できごと，事件			
208 ☐	**end** [énd] エンド	名 終わり 動 終わる，～を終える			
209 ☐	**know** [nóu] ノウ	動 ～を知っている			
210 ☐	**about** [əbáut] アバウト	前 ～について 副 およそ，約，～ごろ			
211 ☐	**computer** [kəmpjú:tər] コンピュータ	名 コンピュータ			
212 ☐	**join** [dʒɔ́in] ヂョイン	動 ～に入る，参加する，～と一緒になる			
213 ☐	**club** [klʌ́b] クラブ	名 クラブ，部			

§ 4　学校・学科　[単語 No. 157～213／例文 s-042～063]

学習日　　．　．

日本語の意味になるように，キー・センテンスの空所に単語を入れましょう。

s-042 彼は自転車で学校に行く。
□ He ___es ___to school ___ ______.

s-043 教科書の5ページを開けなさい。
□ ______ your __________ to ______ five.

s-044 私の後に繰り返して言いなさい。
□ ________ ______ me.

s-045 一緒に読みましょう。
□ ______ _____ __________.

s-046 このCDを注意して聞きなさい。
□ _______ ___to the CD __________.

s-047 静かにしてください。
□ _______, please.

s-048 黒板を見なさい。
□ _____ ___at the ___________.

s-049 質問があります。

☐ I ______ a ___________.

s-050 この単語は日本語で何と言いますか？

☐ What's this ______ in ___________?

s-051 今日はこれですべてです。

☐ That's ___ for today.

s-052 立ちなさい。

☐ _______ ___.

s-053 座りなさい。

☐ ____ _______.

s-054 彼女は山田中学校の学生です。

☐ She is a _________ at Yamada _________ ______ ________.

s-055 彼女はたくさんの外国語を話す。

☐ She ________s many _________ ___________s.

s-056 私たちは毎日一生懸命勉強します。

☐ We _______ ______ _______ day.

s-057 「授業はどれくらいの長さですか？」「50 分です」

☐ “_____ _____ are the _____es?”

“They are fifty _____s long.”

s-058 「あなたは数学が好きですか？」「いいえ，そうではありません」

☐ “___ you _____ _____?”

“No, I don’t.”

s-059 彼は高校生に科学を教えています。

☐ He _____es _____ to _____ school students.

s-060 歴史はかんたんではないが，おもしろい。

☐ _____ is not _____, _____ it is _____.

s-061 今月の終わりには学校行事があります。

☐ We have school _____s at the _____ of this month.

s-062 コンピュータについてどんなことを知っていますか？

☐ What do you _____ _____ _____s?

s-063 私たちのクラブに入ってください。

☐ Please _____ our _____.

§ 5　スポーツ・楽器　[単語 No. 214 ～ 262 ／例文 s-064 ～ 076]

学習日　　・　・

No.	単語と発音	品詞と主な意味	書きこみ①	書きこみ②	書きこみ③
214 □	**love** [lʌ́v] ラヴ	動 ～を愛している 名 愛			
215 □	**sport** [spɔ́ːrt] スポート	名 スポーツ，運動			
216 □	**play** [pléi] プレイ	動〈球技〉をする 名 遊び，劇			
217 □	**player** [pléiər] プレイア	名 選手			
218 □	**baseball** [béisbɔ̀ːl] ベイスボール	名 野球			
219 □	**tennis** [ténəs] テニス	名 テニス			
220 □	**basketball** [bǽskətbɔ̀ːl] バスケトボール	名 バスケットボール			
221 □	**football** [fútbɔ̀ːl] フトボール	名 ①アメリカンフットボール ②サッカー			
222 □	**soccer** [sɑ́kər] サカ	名 サッカー			
223 □	**table tennis** [téibl] テイブル	卓球			
224 □	**rugby** [rʌ́gbi] ゥラグビ	名 ラグビー			
225 □	**volleyball** [vɑ́libɔ̀ːl] ヴァリボール	名 バレーボール			
226 □	**cricket** [kríkət] クリケト	名 クリケット			
227 □	**badminton** [bǽdmintən] バドミントン	名 バドミントン			
228 □	**golf** [gɑ́lf] ガルフ	名 ゴルフ			

229 □	**gym** [dʒím] ヂム	名 体育館，ジム			
230 □	**member** [mémbər] メンバ	名 一員，メンバー			
231 □	**team** [tí:m] ティーム	名 チーム，組			
232 □	**tell** [tél] テル	動〈人〉に教える，伝える，言う			
233 □	**rule** [rú:l] ウルール	名 規則			
234 □	**game** [géim] ゲイム	名 試合，競技；ゲーム			
235 □	**when** [*h*wén] ウェン	副 いつ 接 ～するときに			
236 □	**practice** [prǽktis] プラクティス	動 ～を練習する，けいこする 名 練習			
237 □	**after school**	放課後に			
238 □	**can** [kən] カン	助 ①～できる ②～でありうる			
239 □	**swim** [swím] スウィム	動 泳ぐ			
240 □	**sea** [sí:] スィー	名 海			
241 □	**run** [rʌ́n] ゥラン	動 走る			
242 □	**fast** [fǽst] ファスト	副 速く 形 速い			
243 □	**catch** [kǽtʃ] キャチ	動 ～をつかまえる 名 とらえること			
244 □	**very** [véri] ヴェリ	副 非常に，たいへん			
245 □	**well** [wél] ウェル	副 上手に，よく 形 健康な　間 ええと			

No.	単語	意味			
246 ☐	**piano** [piǽnou] ピアノウ	名 ピアノ			
247 ☐	**violin** [vàiəlín] ヴァイオリン	名 ヴァイオリン			
248 ☐	**guitar** [gitɑ́ːr] ギター	名 ギター			
249 ☐	**drum** [drʌ́m] ドラム	名 ドラム（ス）；太鼓			
250 ☐	**flute** [flúːt] フルート	名 フルート			
251 ☐	**trumpet** [trʌ́mpət] トランペト	名 トランペット			
252 ☐	**often** [ɑ́fn] アフン	副 しばしば，たいてい			
253 ☐	**sing** [síŋ] スィング	動（〜を）歌う			
254 ☐	**song** [sɔ́(ː)ŋ] ソ(ー)ング	名 歌			
255 ☐	**dance** [dǽns] ダンス	動 踊る 名 踊り，ダンス			
256 ☐	**How often 〜 ?**	何回〜， どれほど頻繁に〜？			
257 ☐	**once** [wʌ́ns] ワンス	副 ①１回，１度 ②かつて，以前			
258 ☐	**twice** [twáis] トワイス	副 ２回，２度			
259 ☐	**Can you 〜 ?**	〜してくれますか？			
260 ☐	**explain** [ikspléin] イクスプレイン	動 〜について説明する			
261 ☐	**painting** [péintiŋ] ペインティング	名 絵			
262 ☐	**sorry** [sɑ́ri] サリ	形 すまなく思って，かわいそうで， 残念に思って			

§ 5　スポーツ・楽器　[単語 No. 214 ～ 262 ／例文 s-064 ～ 076]

学習日　　.　　.

日本語の意味になるように，キー・センテンスの空所に単語を入れましょう。

s-064 私はスポーツが大好きです。
□ I ____ ____s.

s-065 私は日曜日に野球をします。
□ I ____ ____ on Sundays.

s-066 彼女は上手なテニス選手です。
□ She is a good ____ ____.

s-067 体育館でバスケットボールをしよう。
□ Let's play ____ in the ____.

s-068 彼はフットボールチームのメンバーです。
□ He is a ____ of a ____ ____.

s-069 ゲームの規則を私に教えてください。
□ Please ____ me about the ____s of the ____.

s-070 □ 「いつ彼らは柔道の練習をするのですか？」「彼らは放課後に柔道の練習をします」

"________ do they __________ judo?"
"They __________ judo ______ ________."

s-071 □ 私たちは海で泳げます。

We _____ ______ in the _____.

s-072 □ 彼は速く走ってボールを取ることができます。

He can _____ _____ and ______ a ball.

s-073 □ 彼女はとても上手にピアノを弾く。

She plays the ______ ______ _____.

s-074 □ 彼らはしばしば一緒に歌を歌い踊る。

They ______ _____ ______s and ______ together.

s-075 □ 「どれくらいギターを弾きますか？」「週に１，２回です」

"_____ ______ do you play the _______?"
"______ or ______ a week."

s-076 □ 「私にその絵を説明してくれますか？」「すみません。できません」

"_____ _____ ________ the __________s to me?"
"I'm ______, but I can't."

§ 6 動物・植物・色 [単語 No. 263 ～ 305 ／例文 s-077 ～ 082]

学習日 　・　・

No.	単語と発音	品詞と主な意味	書きこみ①	書きこみ②	書きこみ③
263 □	**any** [éni] エニ	形 ①何か，どれか，いくつかの ②少しも（…ない）			
264 □	**pet** [pét] ペト	名 ペット			
265 □	**some** [sʌ́m] サム	形 いくつかの，いくらかの 代 いくつかのもの			
266 □	**animal** [ǽnəml] アニムル	名 動物			
267 □	**bird** [bə́ːrd] バード	名 鳥			
268 □	**dog** [dɔ́(ː)g] ド(ー)グ	名 イヌ			
269 □	**cat** [kǽt] キャト	名 ネコ			
270 □	**mouse** [máus] マウス	名 ネズミ，ハツカネズミ			
271 □	**monkey** [mʌ́ŋki] マンキ	名 サル			
272 □	**bear** [béər] ベア	名 クマ			
273 □	**horse** [hɔ́ːrs] ホース	名 馬			
274 □	**lion** [láiən] ライオン	名 ライオン			
275 □	**panda** [pǽndə] パンダ	名 パンダ			
276 □	**tiger** [táigər] タイガ	名 トラ			

277 ☐	**fox** [fáks] ファクス	名 キツネ			
278 ☐	**pig** [píg] ピグ	名 ブタ			
279 ☐	**duck** [dʌ́k] ダク	名 カモ，アヒル			
280 ☐	**cow** [káu] カウ	名 雌牛，乳牛；ウシ			
281 ☐	**many** [méni] メニ	形 多数の，多くの 名 多数（のもの）			
282 ☐	**How many ～ ?**	いくつの～， （数が）どれだけの～？			
283 ☐	**really** [rí:li] ゥリーリ	副 本当に			
284 ☐	**pretty** [príti] プリティ	形 かわいい，きれいな			
285 ☐	**flower** [fláuər] フラウア	名 花			
286 ☐	**garden** [gá:rdn] ガードン	名 庭			
287 ☐	**rose** [róuz] ゥロウズ	名 バラ			
288 ☐	**beautiful** [bjú:təfl] ビューティフル	形 美しい，きれいな			
289 ☐	**color** [kʌ́lər] カラ	名 色			
290 ☐	**red** [réd] ゥレド	形 赤い 名 赤			
291 ☐	**blue** [blú:] ブルー	形 青い 名 青			
292 ☐	**yellow** [jélou] イェロウ	形 黄色い 名 黄色			
293 ☐	**green** [grí:n] グリーン	形 緑の 名 緑			

294 ☐	**pink** [píŋk] ピンク	形 ピンクの 名 ピンク			
295 ☐	**purple** [pə́ːrpl] パープル	形 紫の 名 紫			
296 ☐	**white** [hwáit] ワイト	形 白い 名 白			
297 ☐	**black** [blǽk] ブラク	形 黒い 名 黒			
298 ☐	**brown** [bráun] ブラウン	形 茶色い 名 茶色			
299 ☐	**gray** [gréi] グレイ	形 灰色の 名 灰色			
300 ☐	**under** [ʌ̀ndər] アンダ	前 ～の下に			
301 ☐	**cherry** [tʃéri] チェリ	名 ①桜 ②サクランボ			
302 ☐	**tree** [tríː] トリー	名 木，樹木			
303 ☐	**see** [síː] スィー	動 ～が見える，目に入る			
304 ☐	**blossom** [blάsəm] ブラサム	名（特に桜・桃など果樹の）花			
305 ☐	**here** [híər] ヒア	副 ここに［へ，で］			

§ 6　動物・植物・色　[単語 No. 263 ～ 305 ／例文 s-077 ～ 082]

学習日　　.　　.

日本語の意味になるように，キー・センテンスの空所に単語を入れましょう。

s-077 「あなたは何かペットを飼っていますか？」「はい。数羽の鳥とイヌを飼っています」

☐ "Do you have ____ ____s?"

"Yes. I have ____ ____s and a ____."

s-078 「あなたは何羽の鳥を飼っていますか？」「3羽です。本当にかわいいです」

☐ "____ ____ birds do you have?"

"Three. They are ____ ____."

s-079 私たちの庭には花があります。

☐ We have some ____s in the ____.

s-080 赤いバラは美しい。

☐ ____ ____s are ____.

s-081 桜の木の下に座ろう。

☐ Let's sit ____ the ____ ____.

s-082 ここでは美しい花が見えます。

☐ We can ____ beautiful ____s ____.

§ 7　身体　[単語 No. 306 ～ 334 ／例文 s-083 ～ 092]

学習日　　.　　.

No.	単語と発音	品詞と主な意味	書きこみ①	書きこみ②	書きこみ③
306 ☐	**strong** [strɔ́(ː)ŋ] ストロ(ー)ング	形 強い，丈夫な；〈コーヒーなどが〉濃い			
307 ☐	**body** [bádi] バディ	名 身体，肉体			
308 ☐	**long** [lɔ́(ː)ŋ] ロ(ー)ング	形 長い 副 長く			
309 ☐	**soft** [sɔ́(ː)ft] ソ(ー)フト	形 やわらかい			
310 ☐	**hair** [héər] ヘア	名 髪，髪の毛			
311 ☐	**wash** [wáʃ] ワシュ	動（～を）洗う，洗濯する			
312 ☐	**face** [féis] フェイス	名 顔 動 ～に直面する			
313 ☐	**mouth** [máuθ] マウス	名 口			
314 ☐	**ear** [íər] イア	名 耳			
315 ☐	**head** [héd] ヘド	名 頭			
316 ☐	**neck** [nék] ネク	名 首			
317 ☐	**close** [klóuz] クロウズ	動 ～を閉める，閉まる 形 副 [klóus] クロウス 接近した，親しい			
318 ☐	**eye** [ái] アイ	名 目			
319 ☐	**brush** [brʌ́ʃ] ブラシュ	動 ～を（ブラシで）磨く 名 ブラシ，はけ			

320 ☐	**tooth** [tú:θ] トゥース	名 歯			
321 ☐	**Don't V** [dóunt] ドウント	V するな			
322 ☐	**touch** [tʌ́tʃ] タチ	動 ～に触れる 名 接触			
323 ☐	**nose** [nóuz] ノウズ	名 鼻			
324 ☐	**raise** [réiz] ゥレイズ	動 ～を上げる			
325 ☐	**leg** [lég] レグ	名（人・動物の）脚； （いすなどの）脚			
326 ☐	**hand** [hǽnd] ハンド	名 手 動 ～を手渡す			
327 ☐	**arm** [á:rm] アーム	名 腕			
328 ☐	**finger** [fíŋgər] フィンガ	名（手の）指			
329 ☐	**shoulder** [ʃóuldər] ショウルダ	名 肩			
330 ☐	**foot** [fút] フト	名 ①足　②フィート ③（山の）ふもと			
331 ☐	**hold** [hóuld] ホウルド	動 ①～を持つ，抱く，保つ ②〈会など〉を開く			
332 ☐	**baby** [béibi] ベイビ	名 赤ん坊			
333 ☐	**remember** [rimémbər] ゥリメンバ	動（～を）覚えている； （～を）思い出す			
334 ☐	**smile** [smáil] スマイル	名 ほほえみ，笑顔 動 ほほえむ，微笑する			

§ 7　身体　[単語 No. 306 ~ 334 ／例文 s-083 ~ 092]

学習日　　・　・

日本語の意味になるように，キー・センテンスの空所に単語を入れましょう。

s-083 彼は強い身体を持っている。
☐ He has a ______ ______.

s-084 彼女は長くてやわらかい髪を持っている。
☐ She has ______ ______ ______.

s-085 顔を洗いなさい。
☐ ______ your ______.

s-086 目を閉じなさい。
☐ ______ your ______s.

s-087 歯を磨きなさい。
☐ ______ your ______.

s-088 鼻に触るな。
☐ ______ ______ your ______.

s-089 手を上げなさい。
☐ ______ your ______.

s-090 イヌは4つ脚である。
☐ Dogs have four ______s.

s-091 彼女はしばしば赤ちゃんを腕に抱く。
☐ She often ______s her ______ in her ______s.

s-092 私は彼の笑顔をよく覚えている。
☐ I ______ his ______ well.

§ 8　食事　[単語 No. 335 ～ 395 ／例文 s-093 ～ 105]

学習日　　・　・

No.	単語と発音	品詞と主な意味	書きこみ①	書きこみ②	書きこみ③
335 □	**usually** [jú:ʒuəli] ユージュアリ	副 たいてい，ふつうは			
336 □	**have** [hǽv] ハヴ	動 ①～を食べる，飲む ②～を持っている			
337 □	**coffee** [kɔ́:fi] コーフィ	名 コーヒー			
338 □	**toast** [tóust] トウスト	名 トースト			
339 □	**for** [fər] ファ	前 ①～のために ②～へ向かって　③～の間			
340 □	**breakfast** [brékfəst] ブレクファスト	名 朝食			
341 □	**sometimes** [sʌ́mtaimz] サムタイムズ	副 ときどき			
342 □	**eat** [í:t] イート	動（～を）食べる			
343 □	**lunch** [lʌ́ntʃ] ランチ	名 昼食			
344 □	**kitchen** [kítʃən] キチン	名 台所，キッチン			
345 □	**cook** [kúk] クク	動 ～を料理する 名 料理人			
346 □	**dinner** [dínər] ディナ	名 夕食			
347 □	**pizza** [pí:tsə] ピーツァ	名 ピザ			
348 □	**favorite** [féivərət] フェイヴァリト	形 お気に入りの，一番好きな 名 お気に入りの人［もの］			

349 □	**food** [fú:d] フード	名 食べ物			
350 □	**which** [*h*wítʃ] ウィチ	代 どちらが［を］ 形 ①どちらの　②**その**			
351 □	**would like** A [wúd láik] ウド　ライク	A を欲しいと思う			
352 □	**beef** [bí:f] ビーフ	名 牛肉，ビーフ			
353 □	**or** [ɔ́:*r*] オー	接 ①または，あるいは **②さもないと**			
354 □	**chicken** [tʃíkin] チキン	名 ①鶏肉，チキン **②ニワトリ（のひよこ）**			
355 □	**drink** [dríŋk] ドリンク	動（～を）飲む，酒を飲む 名 **飲み物**			
356 □	**tea** [tí:] ティー	名 茶，紅茶			
357 □	**with** [wiθ] ウィス	前 ①～と，～と一緒に **②〈道具〉で**			
358 □	**milk** [mílk] ミルク	名 ミルク，牛乳			
359 □	**sugar** [ʃúgə*r*] シュガ	名 砂糖			
360 □	**onion** [ʌ́njən] アニョン	名 タマネギ			
361 □	**carrot** [kǽrət] キャロト	名 ニンジン			
362 □	**potato** [pətéitou] ポテイトウ	名 ジャガイモ			
363 □	**OK** [óukéi] オウケイ	副 はい，いいよ 形 よろしい			
364 □	**enough** [inʌ́f] イナフ	形 十分な　名 十分な量［もの］ 副 十分に			
365 □	**make** [méik] メイク	動 ①～を作る **②OをCにする**			

366 □	**curry** [kə́ːri] カーリ	名 カレー			
367 □	**rice** [ráis] ゥライス	名 米，ごはん			
368 □	**hamburger** [hǽmbəːrgər] ハンバーガ	名 ハンバーガー			
369 □	**hot dog** [hát] ハト	ホットドック			
370 □	**fish** [fíʃ] フィシュ	名 魚，魚肉			
371 □	**meat** [míːt] ミート	名 肉			
372 □	**bread** [bréd] ブレド	名 パン			
373 □	**butter** [bʌ́tər] バタ	名 バター			
374 □	**cheese** [tʃíːz] チーズ	名 チーズ			
375 □	**egg** [ég] エグ	名 卵			
376 □	**noodle** [núːdl] ヌードル	名 ヌードル，めん類，パスタ			
377 □	**apple** [ǽpl] アプル	名 リンゴ			
378 □	**banana** [bənǽnə] バナナ	名 バナナ			
379 □	**orange** [ɔ́(ː)rindʒ] オ(ー)リンヂ	名 ①オレンジ ②オレンジ色（の）			
380 □	**grape** [gréip] グレイプ	名 ブドウ，グレープ			
381 □	**melon** [mélən] メロン	名 メロン			
382 □	**hungry** [hʌ́ŋgri] ハングリ	形 お腹のすいた，空腹の，飢えた			

383	**thirsty** [θə́ːrsti] サースティ	形 のどがかわいた			
384	**Can I ～?**	①～してもいいですか？ ②～しましょうか？			
385	**cup** [kʌ́p] カプ	名（コーヒー・紅茶用の）カップ			
386	**of course** [əvkɔ́ːrs] オヴコース	もちろん			
387	**put** [pút] プト	動 ～を置く，入れる			
388	**water** [wɔ́ːtər] ウォータ	名 水			
389	**into** [íntə] イントゥ	前 ～の中へ［に］			
390	**bottle** [bátl] バトル	名 瓶			
391	**oil** [ɔ́il] オイル	名 油			
392	**fire** [fáiər] ファイア	名 火，火炎；火事			
393	**dish** [díʃ] ディシュ	名 ①食器類　②大皿 ③（皿に盛った）料理			
394	**sure** [ʃúər] シュア	副 いいとも，その通り 形 確信している，信じている			
395	**No problem.** [prábləm] プラブレム	大丈夫だ，いいですよ			

§ 8　食事　[単語 No. 335 ~ 395 ／例文 s-093 ~ 105]

学習日　　・　　・

日本語の意味になるように，キー・センテンスの空所に単語を入れましょう。

s-093 私はたいてい朝食にコーヒーとトーストを食べます。

☐ I ______ ______ ______ and ______ ______ ______.

s-094 彼女はときどきキッチンでランチを食べる。

☐ She ______ ______s ______ in the ______.

s-095 私はしばしば夕食を調理する。

☐ I often ______ ______.

s-096 ピザは私の一番好きな食べ物です。

☐ ______ is my ______ ______.

s-097 「ビーフかチキンか，どちらがよろしいですか？」「チキンがいいです」

☐ “______ ______ you ______, ______ ______ ______?”
“______, please.”

s-098 私は紅茶にミルクと砂糖を入れて飲みます。

☐ I ______ ______ ______ ______ and ______.

s-099 「タマネギとニンジンとジャガイモがあります」「はい。それで十分です」

☐ "We have ______s, ______s, and ______es."

"___. That's ______."

s-100 カレーライスを作ろう。

☐ Let's ______ ______ and ____.

s-101 「お腹はすいていますか？」「いいえ，でものどがかわいています」

☐ "Are you ______?"

"No, but I'm ______."

s-102 「コーヒーを１杯いただけますか？」「はい，もちろん」

☐ "____ _ have a ____ of coffee?"

"Yes, ___ ______."

s-103 彼は瓶の中に水を入れている。

☐ He is ______ ______ ____ the ______.

s-104 彼は火に油を注いでいる。

☐ He is putting ___ on the ____.

s-105 「食器洗いをしてくれますか？」「いいよ。大丈夫」

☐ "Can you wash the ______es?"

"______. ___ ______."

§ 9　電話・手紙　[単語 No. 396 ～ 409 ／例文 s-106 ～ 110]

学習日　　・　・

No.	単語と発音	品詞と主な意味	書きこみ①	書きこみ②	書きこみ③
396 □	**talk** [tɔ́:k] トーク	動 話す，しゃべる 名 話			
397 □	**on the phone**	電話で			
398 □	**hello** [helóu] ヘロウ	間 やあ，こんにちは；もしもし			
399 □	**This is A.**	こちらAです。			
400 □	**Can [May] I speak to A?**	Aはいらっしゃいますか？			
401 □	**Speaking.** [spí:kiŋ] スピーキング	（電話の応答で）私です。			
402 □	**What's up?**	どうしたの？			
403 □	**call** [kɔ́:l] コール	動 ①（～に）電話をかける ②AをBと呼ぶ			
404 □	**again** [əgén] アゲン	副 もう一度，また			
405 □	**tomorrow** [təmárou] トマロウ	副 明日に 名 明日			
406 □	**dear** [díər] ディア	形 親愛なる			
407 □	**write** [ráit] ゥライト	動（手紙などを）書く			
408 □	**letter** [létər] レタ	名 手紙			
409 □	**soon** [sú:n] スーン	副 まもなく，すぐに			

§ 9 電話・手紙 [単語 No. 396 ～ 409 ／例文 s-106 ～ 110]

学習日 ＿＿・＿＿・＿＿

日本語の意味になるように，キー・センテンスの空所に単語を入れましょう。

s-106 彼女は電話で息子に話している。

☐ She is ＿＿＿＿ to her son ＿＿ ＿＿ ＿＿＿＿.

s-107 「もしもし，こちらジェーンです。トムはいますか？」「僕です。どうしたの？」

☐ "＿＿＿＿, ＿＿＿ ＿＿ Jane. ＿＿＿ ＿ ＿＿＿＿ ＿＿ Tom, please?"

"＿＿＿＿＿＿. ＿＿＿＿＿ ＿＿?"

s-108 明日もう一度私に電話をかけてください。

☐ Please ＿＿＿ me ＿＿＿＿ ＿＿＿＿＿＿.

s-109 親愛なるベッキー

☐ ＿＿＿ Becky,

s-110 すぐにスーザンに手紙を書いてください。

☐ Please ＿＿＿＿ a ＿＿＿＿ to Susan ＿＿＿.

§10　移動・交通　[単語 No. 410～448／例文 s-111～122]

学習日　　・　・

No.	単語と発音	品詞と主な意味	書きこみ①	書きこみ②	書きこみ③
410 □	**drive** [dráiv] ドライヴ	動（車を）運転する			
411 □	**work** [wə́ːrk] ワーク	名 ①仕事，職場；勉強　②作品 動 ①働く，勉強する　②機能する			
412 □	**bring** [bríŋ] ブリング	動 ～を持ってくる，連れてくる			
413 □	**umbrella** [ʌmbrélə] アンブレラ	名 傘			
414 □	**take** [téik] テイク	動 ①～を連れていく，持っていく ②～を取る			
415 □	**out** [áut] アウト	副 ①外に　②不在で ③すっかり　④消えて			
416 □	**bus** [bʌ́s] バス	名 バス			
417 □	**truck** [trʌ́k] トラク	名 トラック			
418 □	**train** [tréin] トレイン	名 電車，列車 動（～を）訓練する			
419 □	**boat** [bóut] ボウト	名 ボート，船			
420 □	**ship** [ʃíp] シプ	名 船			
421 □	**taxi** [tǽksi] タクスィ	名 タクシー			
422 □	**How far ～ ?** [háu fáːr] ハウ ファー	どれくらいの距離に～， どれほど遠くに～？			
423 □	**park** [páːrk] パーク	名 公園 動〈車・自転車〉を駐車する			

424 □	**only** [óunli] オウンリ	副 ほんの，たった 形 **ただひとつの，唯一の**			
425 □	**kilometer** [kilámətər] キラミタ	名 キロメートル			
426 □	**stay** [stéi] ステイ	動 滞在する，いる，とどまる 名 滞在			
427 □	**hotel** [houtél] ホウテル	名 ホテル			
428 □	**for** [fər] ファ	前 ①～の間　**②～のために** **③～へ向かって**			
429 □	**way** [wéi] ウェイ	名 ①道 **②方法，やり方**			
430 □	**beach** [bíːtʃ] ビーチ	名 砂浜			
431 □	**walk** [wɔ́ːk] ウォーク	動 歩く，歩いて行く 名 **散歩，歩くこと**			
432 □	**across** [əkrɔ́(ː)s] アクロ(ー)ス	前 ～を横切って 副 横切って，向こう側に			
433 □	**street** [stríːt] ストリート	名 道，街路			
434 □	**visit** [vízət] ヴィズィト	動（～を）訪問する 名 訪問			
435 □	**a lot of A** [lát] ラト	たくさんのA			
436 □	**place** [pléis] プレイス	名 場所；位置，地位 動 **～を置く**			
437 □	**yesterday** [jéstərdei] イェスタデイ	副 昨日（は） 名 昨日			
438 □	**climb** [kláim] クライム	動（～に）登る			
439 □	**mountain** [máuntn] マウンテン	名 山			
440 □	**weekend** [wíːkènd] ウィーケンド	名 週末			

441 □	**fly** [flái] フライ	動 飛ぶ，（飛行機で）行く			
442 □	**from A to B**	AからBまで			
443 □	**sun** [sʌ́n] サン	名 太陽			
444 □	**rise** [ráiz] ゥライズ	動 上がる，上昇する；増える			
445 □	**north** [nɔ́ːrθ] ノース	名 北			
446 □	**south** [sáuθ] サウス	名 南			
447 □	**east** [íːst] イースト	名 東			
448 □	**west** [wést] ウェスト	名 西			

§10 移動・交通 [単語 No. 410～448／例文 s-111～122]

学習日 ・ ・

日本語の意味になるように，キー・センテンスの空所に単語を入れましょう。

s-111 彼女は車を運転して仕事に行く。

☐ She ______s to ______.

s-112 学校に自分の傘を持ってくることができます。

☐ You can ______ your ______ to school.

s-113 野球の試合に私を連れていってください。

☐ Please ______ me ______ to a ball game.

s-114 バスに乗ろう。

☐ Let's take a ______.

s-115 「公園はどれくらいの距離にありますか？」「ほんの5キロほどです」

☐ "______ ______ is the ______?"

"______ about five ______s."

s-116 彼は1週間ホテルに滞在した。

☐ He ______ at a ______ ______ a week.

s-117 砂浜に行く道を教えてください。

☐ Please tell me the ______ to the ______.

s-118 彼女は道を横切って歩いた。

☐ She ________ ________ the ________.

s-119 私は昨日たくさんの場所を訪問した。

☐ I ________ __ ____ ___ ________s ____________.

s-120 私は毎週末山に登る。

☐ I ______ ____________s every __________.

s-121 その鳥は秋に北から南へ飛ぶ。

☐ The birds ___ ______ _______ ___ _______ in the fall.

s-122 太陽は東から昇る。

☐ The ____ _____s in the _____.

§11　日常生活　[単語 No. 449 ~ 494 ／例文 s-123 ~ 138]

学習日　　・　・

No.	単語と発音	品詞と主な意味	書きこみ①	書きこみ②	書きこみ③
449 □	**live** [lív] リヴ	動 住む，生きる			
450 □	**small** [smɔ́ːl] スモール	形 小さい，狭い；少ない			
451 □	**little** [lítl] リトル	形 ①小さい　②少量の 副 少し，ほとんど…ない			
452 □	**large** [lɑ́ːrdʒ] ラーヂ	形 大きい，広い；多量の			
453 □	**big** [bíg] ビグ	形 ①大きい ②年上の			
454 □	**town** [táun] タウン	名 ①町 ②繁華街			
455 □	**near** [níər] ニア	前 ～の近くに 副 近くに［へ］			
456 □	**river** [rívər] ゥリヴァ	名 川			
457 □	**job** [dʒɑ́b] ヂャブ	名 仕事，職，勤め口			
458 □	**college** [kɑ́lidʒ] カリヂ	名 大学			
459 □	**get up** [gèt ʌ́p] ゲト アプ	起きる，起床する			
460 □	**early** [ə́ːrli] アーリ	副 早く　形 早い			
461 □	**clean** [klíːn] クリーン	動（～を）きれいにする 形 きれいな，清潔な			
462 □	**room** [rú(ː)m] ウルーム	名 部屋			

463 □	**newspaper** [nú:zpèipər] ヌーズペイパ	名 新聞			
464 □	**desk** [désk] デスク	名（勤務・勉強用の）机			
465 □	**watch** [wátʃ] ワチ	動 ～をじっと見る 名 **腕時計**			
466 □	**TV** [tí:ví:] ティーヴィー	名 テレビ（放送）			
467 □	**last** [lǽst] ラスト	形 ①この前の　**②最後の** 副 **最後に**　名 **最後**　動 **続く**			
468 □	**did** [díd] ディド	助 動 do の過去形			
469 □	**enjoy** [indʒɔ́i] インヂョイ	動 ～を楽しむ			
470 □	**movie** [mú:vi] ムーヴィ	名 映画			
471 □	**was** [wʌ́z] ワズ	動 助 am, is の過去形			
472 □	**exciting** [iksáitiŋ] イクサイティング	形〈人を〉わくわくさせるような，興奮させる			
473 □	**didn't** [dídnt] ディドント	= did not			
474 □	**sleep** [slí:p] スリープ	動 眠る 名 眠り			
475 □	**help** [hélp] ヘルプ	動 ①〈人〉を手伝う，手助けする **②～を促進する，役立つ**			
476 □	**homework** [hóumwə̀:rk] ホウムワーク	名 宿題			
477 □	**busy** [bízi] ビズィ	形 忙しい			
478 □	**ask** [ǽsk] アスク	動 ①〈人〉にたずねる ②〈人〉**に頼む**			
479 □	**dream** [drí:m] ドリーム	名 夢；願望 動 夢を見る			

No.	単語	意味			
480 ☐	**go to bed**	就寝する，寝る			
481 ☐	**late** [léit] レイト	副 遅く 形 遅い			
482 ☐	**bath** [bǽθ] バス	名 風呂			
483 ☐	**before** [bifɔ́ːr] ビフォー	前 ～の前に　接 ～する前に 副 以前に			
484 ☐	**tired** [táiərd] タイアド	形 ①疲れている ②飽きている			
485 ☐	**so** [sóu] ソウ	接 だから，それで 副 とても，それほど			
486 ☐	**chair** [tʃéər] チェア	名 いす			
487 ☐	**move** [múːv] ムーヴ	動 ①引っ越しする，動く ②～を動かす			
488 ☐	**center** [séntər] センタ	名 中心，中央			
489 ☐	**city** [síti] スィティ	名 市，都市			
490 ☐	**ago** [əgóu] アゴウ	副（今から）～前に			
491 ☐	**fun** [fʌ́n] ファン	名 おもしろいこと，楽しさ			
492 ☐	**party** [páːrti] パーティ	名 パーティー			
493 ☐	**use** [júːz] ユーズ	動 ～を使う，利用する 名 [júːs] ユース 使うこと，使用			
494 ☐	**Here you are.**	（はい）どうぞ，ここにあります。			

§11　日常生活　[単語 No. 449 ~ 494 ／例文 s-123 ~ 138]

学習日　　・　・

日本語の意味になるように，キー・センテンスの空所に単語を入れましょう。

s-123 彼は大きな川の近くの小さな町に住んでいる。
☐ He ______ s in a ______ ______ ______ a ____ ______.

s-124 彼は大学で仕事をしている。
☐ He has a ____ at a ________.

s-125 彼は朝早く起きる。
☐ He ______ s ____ ______ in the morning.

s-126 彼は毎日自分の部屋を掃除する。
☐ He ______ s his ______ every day.

s-127 彼は机で新聞を読む。
☐ He reads the ____________ at his ______.

s-128 彼は昨夜テレビを見た。
☐ He ________ ____ _____ night.

s-129 「映画を楽しみましたか？」「はい。ワクワクしました」
☐ “____ you ______ the ______?”
“Yes, I ____. It ____ ________.”

s-130 昨夜彼はよく眠れなかった。

☐ He ______ ______ well last night.

s-131 「私の宿題を手伝ってもらえますか？」「ごめんなさい。今忙しいのです」

☐ “Can you ______ me with my ______?”

“Sorry, I’m ______ now.”

s-132 彼女は夢について彼にたずねた。

☐ She ______ him about his ______.

s-133 私は遅くに寝る。

☐ I ___ ___ ___ ___.

s-134 彼は晩ごはん前にお風呂に入る。

☐ He takes a ______ ______ dinner.

s-135 彼は疲れていた。だからいすに座った。

☐ He was ______. ___ he sat on the ______.

s-136 私は３年前に都市の中心に引っ越した。

☐ I ______ to the ______ of the ______ three years ______.

s-137 パーティーはとてもおもしろかった。

☐ I had a lot of ______ at the ______.

s-138 「君の鉛筆を使ってもいいですか？」「はい。どうぞ」

☐ “Can I ______ your pencil?”

“Yes. ______ ______ ______.”

§12 買い物・衣服 [単語 No. 495～519／例文 s-139～144]

学習日 　　・　　・

No.	単語と発音	品詞と主な意味	書きこみ①	書きこみ②	書きこみ③
495 □	**shopping** [ʃápiŋ] シャピング	名 買い物			
496 □	**store** [stɔ́ːr] ストー	名 店			
497 □	**department store** [dipɑ́ːrtmənt] ディパートメント	百貨店，デパート			
498 □	**always** [ɔ́ːlweiz] オールウェイズ	副 いつも，常に			
499 □	**buy** [bái] バイ	動 ～を買う			
500 □	**thing** [θíŋ] スィング	名 もの，こと			
501 □	**market** [mɑ́ːrkit] マーキト	名 市場，マーケット；取引			
502 □	**Can I help you?** **= May I help you?**	何にしましょうか？； どうしましたか？			
503 □	**want** [wʌ́nt] ワント	動 ～が欲しい，～を望む			
504 □	**How about A?** **= What about A?**	A はどうですか？			
505 □	**one** [wʌ́n] ワン	代 もの			
506 □	**put A on**	A を着る，身につける			
507 □	**go out** [góu áut] ゴウ アウト	外出する，出かける			
508 □	**home** [hóum] ホウム	副 家に，自宅へ，故郷に 名 家，自宅，故郷			

509 □	**off** [ɔ́(ː)f] オ(ー)フ	副 離れて			
510 □	**take A off**	A を脱ぐ			
511 □	**shirt** [ʃə́ːrt] シャート	名 シャツ			
512 □	**tie** [tái] タイ	名 ネクタイ 動 ～を結ぶ，つなぐ			
513 □	**jacket** [dʒǽkit] ヂャキト	名 上着，ジャケット			
514 □	**cap** [kǽp] キャプ	名 ①（ふちのない）帽子 ②（ビンなどの）ふた			
515 □	**hat** [hǽt] ハト	名（ふちのある）帽子			
516 □	**belt** [bélt] ベルト	名 ベルト，帯			
517 □	**shoe** [ʃúː] シュー	名 靴			
518 □	**glasses** [glǽsiz] グラースィズ	名 めがね			
519 □	**pants** [pǽnts] パンツ	名 ズボン，パンツ			

§12 買い物・衣服 [単語 No. 495～519／例文 s-139～144]

学習日 ． ．

日本語の意味になるように，キー・センテンスの空所に単語を入れましょう。

s-139 彼はその百貨店へ買い物に行った。

☐ He went ______ at the ______ ______.

s-140 私はいつもその市場でものを買う。

☐ I ______ ______ ______s at the ______.

s-141 「何にしましょうか？」「うん，シャツが欲しいんだ」

☐ "______ _ ______ ______?"

"Yes, I ______ a ______."

s-142 「帽子はありますか？」「はい，あります。これはいかがですか？」

☐ "Do you have any ______s?"

"Yes, we do. ______ ______ this ______?"

s-143 彼は上着を着て出かけた。

☐ He ______ ___ a ______ and ______ ______.

s-144 彼は家に帰って，靴を脱いだ。

☐ He came ______ and ______ ___ his ______s.

Step 1　キー・センテンス一覧

§ 1　あいさつ　p. 4

s-001 Hi. I'm Christopher Green.
Please call me Chris.

s-002 "Excuse me. Are you Mr. Parks?"
"Yes, I am."

s-003 "Nice to meet you."
"Nice to meet you, too."

s-004 "How are you?"
"Fine, thank you. And you?"

s-005 Good morning.

s-006 Good afternoon.

s-007 Good evening.

s-008 Good night.

s-009 Goodbye.

s-010 Welcome to Japan.

s-011 "Thank you."
"You're welcome."

§ 2　代名詞・be 動詞　p. 10

s-012 This is Susan. She is my classmate.

s-013 We are good friends.

s-014 "What is this?"
"It's a notebook."

s-015 That is your English teacher.

s-016 "Is he an American?"
"No, he isn't."

s-017 "Where is he from?"
"He is from Canada."

s-018 "Where do you come from?"
"I come from India."

s-019 This is a picture of my family.

s-020 "Is this your father?"
"No. That is my brother."

s-021 "Who is this girl?"
"She is my sister."

s-022 Her name is Jane.

s-023 I have a son and a daughter. They are not in London now.

s-024 Their mother is a doctor.

s-025 "Is that his bag?"
"No, it isn't. It's mine."

s-026 "These are our bags. Are those yours?"
"Yes, they are."

s-027 "Whose car is this?"
"It's my parents'."

s-028 His house is next to hers.

§ 3　数字・時刻・曜日・日付　p. 16

s-029 My phone number is 1234-56789.

s-030 "How much is this book?"
"It's twelve dollars."

s-031 "What time is it?"
"It is about three o'clock."

s-032 School starts at 8:20.

s-033 "What day is it today?"
"It's Sunday."

s-034 Your birthday is on Saturday.

s-035 This Monday is a holiday.

s-036 "What's the date today?"
"It's February first."

s-037 My birthday is in September.

s-038 We have four seasons in a year.

s-039 The spring months are March, April and May.

s-040 Happy New Year.

s-041 "How old is your grandmother?"
"She is seventy-five years old."

§ 4　学校・学科　p. 22

s-042 He goes to school by bike.

s-043 Open your textbook to page five.

s-044 Repeat after me.

s-045 Let's read together.

s-046 Listen to the CD carefully.

s-047 Quiet, please.

s-048 Look at the blackboard.

s-049 I have a question.

s-050 What's this word in Japanese?

s-051 That's all for today.

s-052 Stand up.

s-053 Sit down.

s-054 She is a student at Yamada Junior High School.

s-055 She speaks many foreign languages.

s-056 We study hard every day.

s-057 "How long are the classes?"
"They are fifty minutes long."

s-058 "Do you like math?"
"No, I don't."

s-059 He teaches science to high school students.

s-060 History is not easy, but it is interesting.

s-061 We have school events at the end of this month.

s-062 What do you know about computers?

s-063 Please join our club.

§ 5 スポーツ・楽器 p. 28

s-064 I love sports.

s-065 I play baseball on Sundays.

s-066 She is a good tennis player.

s-067 Let's play basketball in the gym.

s-068 He is a member of a football team.

s-069 Please tell me about the rules of the game.

s-070 "When do they practice judo?"
"They practice judo after school."

s-071 We can swim in the sea.

s-072 He can run fast and catch a ball.

s-073 She plays the piano very well.

s-074 They often sing songs and dance together.

s-075 "How often do you play the guitar?"
"Once or twice a week."

s-076 "Can you explain the paintings to me?"
"I'm sorry, but I can't."

§ 6 動物・植物・色 p. 33

s-077 "Do you have any pets?"
"Yes. I have some birds and a dog."

s-078 "How many birds do you have?"
"Three. They are really pretty."

s-079 We have some flowers in the garden.

s-080 Red roses are beautiful.

s-081 Let's sit under the cherry tree.

s-082 We can see beautiful blossoms here.

§ 7 身体 p. 36

s-083 He has a strong body.

s-084 She has long soft hair.

s-085 Wash your face.

s-086 Close your eyes.

s-087 Brush your teeth.

s-088 Don't touch your nose.

s-089 Raise your hand.

s-090 Dogs have four legs.

s-091 She often holds her baby in her arms.

s-092 I remember his smile well.

§ 8 食事 p. 41

s-093 I usually have coffee and toast for breakfast.

s-094 She sometimes eats lunch in the kitchen.

s-095 I often cook dinner.

s-096 Pizza is my favorite food.

s-097 "Which would you like, beef or chicken?"
"Chicken, please."

s-098 I drink tea with milk and sugar.

s-099 "We have onions, carrots, and potatoes."
"OK. That's enough."

s-100 Let's make curry and rice.

s-101 "Are you hungry?"
"No, but I'm thirsty."

s-102 "Can I have a cup of coffee?"
"Yes, of course."

s-103 He is putting water into the bottle.

s-104 He is putting oil on the fire.

s-105 "Can you wash the dishes?"
"Sure. No problem."

§ 9 電話・手紙 p. 44

s-106 She is talking to her son on the phone.

s-107 "Hello, this is Jane. Can I speak to Tom, please?"
"Speaking. What's up?"

s-108 Please call me again tomorrow.

s-109 Dear Becky,

s-110 Please write a letter to Susan soon.

§ 10 移動・交通 p. 48

s-111 She drives to work.

s-112 You can bring your umbrella to school.

s-113 Please take me out to a ball game.

s-114 Let's take a bus.

s-115 "How far is the park?"
"Only about five kilometers."

s-116 He stayed at a hotel for a week.

s-117 Please tell me the way to the beach.

s-118 She walked across the street.

s-119 I visited a lot of places yesterday.
s-120 I climb mountains every weekend.
s-121 The birds fly from north to south in the fall.
s-122 The sun rises in the east.

§11 日常生活 p. 53

s-123 He lives in a small town near a big river.
s-124 He has a job at a college.
s-125 He gets up early in the morning.
s-126 He cleans his room every day.
s-127 He reads the newspaper at his desk.
s-128 He watched TV last night.
s-129 "Did you enjoy the movie?"
"Yes, I did. It was exciting."
s-130 He didn't sleep well last night.
s-131 "Can you help me with my homework?"
"Sorry, I'm busy now."
s-132 She asked him about his dream.
s-133 I go to bed late.
s-134 He takes a bath before dinner.
s-135 He was tired. So he sat on the chair.
s-136 I moved to the center of the city three years ago.
s-137 I had a lot of fun at the party.
s-138 "Can I use your pencil?"
"Yes. Here you are."

§12 買い物・衣服 p. 57

s-139 He went shopping at the department store.
s-140 I always buy things at the market.
s-141 "Can I help you?"
"Yes, I want a shirt."
s-142 "Do you have any caps?"
"Yes, we do. How about this one?"
s-143 He put on a jacket and went out.
s-144 He came home and took off his shoes.

§13 学校 [単語 No. 520 ~ 541 ／例文 s-145 ~ 151]

学習日　　・　　・

No.	単語と発音	品詞と主な意味	書きこみ①	書きこみ②	書きこみ③
520 □	**through** [θrúː] スルー	前 ～を通り抜けて，通って 副 通り抜けて，**ずっと**			
521 □	**gate** [géit] ゲイト	名 門，門扉			
522 □	**back** [bǽk] バク	名 後ろ，背後；裏 副 後ろに，**元に**			
523 □	**schoolyard** [skúːljàːrd] スクールヤード	名 校庭			
524 □	**when** [hwén] ウェン	接 ～するときに 副 **いつ**			
525 □	**find** [fáind] ファインド	動 ①～を見つける **②～とわかる，～と思う**			
526 □	**library** [láibrèri] ライブレリ	名 図書館；書斎，書庫			
527 □	**why** [hwái] ワイ	副 なぜ，どうして			
528 □	**absent** [ǽbsənt] アブセント	形 欠席の，不在の			
529 □	**because** [bikʌ́z] ビカズ	接 ～だから，～なので			
530 □	**sick** [sík] スィク	形 病気の，病んでいる； 吐き気がして			
531 □	**subject** [sʌ́bdʒekt] サブヂェクト	名 ①教科，学科，科目 **②主題，テーマ**			
532 □	**industrial arts** [indʌ́striəl àːrts] インダストリアル アーツ	（教科の）技術，工作			
533 □	**everyone** [évriwʌ̀n] エヴリワン	代 みんな，すべての人，誰でも			

534	**worry** [wə́ːrri] ワーリ	動 心配する；〈人〉を心配させる			
535	**exam** [igzǽm] イグザム	名 試験			
536	**have to V** [hǽftə] ハフタ	V しなければならない			
537	**wear** [wéər] ウェア	動 ～を着ている			
538	**uniform** [júːnəfɔ̀ːrm] ユーニフォーム	名 制服，ユニフォーム			
539	**never** [névər] ネヴァ	副 決して…ない，一度も…ない			
540	**forget** [fərgét] ファゲト	動（～を）忘れる			
541	**speech** [spíːtʃ] スピーチ	名 演説，スピーチ			

§13 学校 [単語 No. 520 ～ 541 ／例文 s-145 ～ 151]

学習日 . .

日本語の意味になるように，キー・センテンスの空所に単語を入れましょう。

s-145 私たちは校庭の裏にある門を通って入った。

□ We came ______ the ______ at the ______ of the ______.

s-146 図書館で彼女を見つけたとき，彼女は勉強していた。

□ ______ I ______ her in the ______, she was studying.

s-147 「なぜあなたは昨日休んだのですか？」「病気だったからです」

□ "______ were you ______ yesterday?"

"______ I was ______."

s-148 「どの教科が好きですか？」「技術です」

□ "What ______ do you like?"

"______ ______."

s-149 誰もが最初の試験のことを心配していた。

□ ______ ______ about the first ______.

s-150 私たちの学校では制服を着なければならない。

□ We ______ ______ ______ a ______ in our school.

s-151 私は彼の演説を決して忘れないだろう。

□ I'll ______ ______ his ______.

§14 天気・天文 [単語 No. 542～568／例文 s-152～161]

学習日 . .

No.	単語と発音	品詞と主な意味	書きこみ①	書きこみ②	書きこみ③
542 □	**weather** [wéðər] ウェザ	名 天気			
543 □	**sunny** [sʌ́ni] サニ	形 晴れた，日当たりのよい			
544 □	**hot** [hát] ハト	形 暑い，熱い；辛い			
545 □	**cloudy** [kláudi] クラウディ	形 曇っている，曇りの			
546 □	**cool** [kúːl] クール	形 ①涼しい，ひんやりとした ②かっこいい，すてきな			
547 □	**will** [wíl] ウィル	助 V するだろう；V するつもりだ			
548 □	**fine** [fáin] ファイン	形 ①天気のよい，晴れた ②元気な ③すばらしい			
549 □	**rain** [réin] ゥレイン	動 雨が降る 名 雨			
550 □	**the day after tomorrow**	明後日（に）			
551 □	**won't** [wóunt] ウォウント	= will not			
552 □	**snow** [snóu] スノウ	名 雪 動 雪が降る			
553 □	**this** [ðís] ズィス	形 この，次の，現在の 代 これは［が，を］			
554 □	**if** [íf] イフ	接 ①もし～なら ②～かどうか			
555 □	**rainy** [réini] ゥレイニ	形 雨降りの，雨の多い			

556 □	**video game** [vídiòu] ヴィディオウ	テレビゲーム			
557 □	**sky** [skái] スカイ	名 空			
558 □	**bright** [bráit] ブライト	形 ①明るい，輝いている ②頭のよい			
559 □	**clear** [klíər] クリア	形 ①晴れた　②明らかな 動 ～をかたづける			
560 □	**change** [tʃéindʒ] チェインヂ	動 ～を変える；変わる 名 ①変化　②おつり			
561 □	**wind** [wínd] ウィンド	名 風			
562 □	**energy** [énərdʒi] エナヂ	名 エネルギー			
563 □	**electricity** [ilèktrísəti] イレクトリスィティ	名 電気			
564 □	**moon** [múːn] ムーン	名 月			
565 □	**behind** [bihàind] ビハインド	前 ～の後ろに，背後に 副 後ろに，背後に			
566 □	**cloud** [kláud] クラウド	名 雲			
567 □	**earth** [ə́ːrθ] アース	名 地球			
568 □	**around** [əráund] アラウンド	前 ～を回って，～の周りに 副 回って，あちこちに			

§ 14 天気・天文 [単語 No. 542 ~ 568 ／例文 s-152 ~ 161]

学習日 　.　.

日本語の意味になるように，キー・センテンスの空所に単語を入れましょう。

s-152 「京都の天気はどうですか？」「晴れていて暑いです」

☐ “How’s the ________ in Kyoto?”

“It’s ______ and ____.”

s-153 ニューヨークは曇っていて涼しい。

☐ It is ______ and _____ in New York.

s-154 明日はいい天気になるだろう。

☐ It _____ be _____ tomorrow.

s-155 明後日は雨が降るだろう。

☐ It will _____ _____ _____ ______ __________.

s-156 今週は雪は降らないだろう。

☐ We ______ have ______ _____ week.

s-157 もし明日雨が降っていれば，テレビゲームをするだろう。

☐ __ it is ______ tomorrow, we’ll play a ______ ______.

s-158 空は明るく，晴れている。

☐ The ____ is _______ and ______.

s-159 私たちは風力エネルギーを電気に変えることができる。

☐ We can ______ ______ ______ into ______.

s-160 月は雲の背後にある。

☐ The ______ is ______ the ______s.

s-161 地球は太陽の周りを回る。

☐ The ______ moves ______ the sun.

§15 旅・移動・交通 [単語 No. 569 ～ 641 ／例文 s-162 ～ 182]

学習日 ・ ・

No.	単語と発音	品詞と主な意味	書きこみ①	書きこみ②	書きこみ③
569 ☐	**road** [róud] ウロウド	名 道，道路			
570 ☐	**lead** [lí:d] リード	動 通じる，至る；～を導く			
571 ☐	**so** [sóu] ソウ	副 とても，それほど 接 だから，それで			
572 ☐	**tourist** [túərist] トゥアリスト	名 観光客，旅行者			
573 ☐	**there** [ðéər] ゼア	副 そこに，そこで			
574 ☐	**man** [mǽn] マン	名 男			
575 ☐	**woman** [wúmən] ウマン	名 女			
576 ☐	**far** [fá:r] ファー	副 遠くに［へ］，はるかに 形 遠い			
577 ☐	**away** [əwéi] アウェイ	副 離れて，去って			
578 ☐	**hometown** [hóumtáun] ホウムタウン	名 故郷			
579 ☐	**plane** [pléin] プレイン	名 飛行機			
580 ☐	**over** [óuvər] オウヴァ	前 ～を越えて；～の上に 副 越えて，おおって			
581 ☐	**rainbow** [réinbòu] ウレインボウ	名 虹			
582 ☐	**travel** [trǽvl] トラヴル	動 旅行する 名 旅行			

583 □	**world** [wə́ːrld] ワールド	名 世界			
584 □	**overseas** [òuvərsíːz] オウヴァスィーズ	副 海外に，外国に 形 海外の，外国の			
585 □	**should** [ʃúd] シュド	助 ～すべきだ， ～するほうがいい			
586 □	**follow** [fálou] ファロウ	動 ①～に従う，～を守る ②～について行く			
587 □	**local** [lóukl] ロウクル	形 地元の，現地の			
588 □	**custom** [kʌ́stəm] カスタム	名 習慣，慣習			
589 □	**have a good time**	楽しむ，楽しい時を過ごす			
590 □	**during** [də́ːriŋ] ドゥーリング	前 ～の間（ずっと）			
591 □	**vacation** [vəkéiʃən] ヴァケイション	名 休暇，休日			
592 □	**experience** [ikspíəriəns] イクスピアリエンス	名 経験，体験 動 ～を経験する，体験する			
593 □	**abroad** [əbrɔ́ːd] アブロード	副 海外に［へ，で］，外国に［へ，で］			
594 □	**pick A up** [pík ʌ́p] ピクアプ	① A〈人〉を車で迎えに行く ② A を拾い上げる			
595 □	**airport** [éərpɔ̀ːrt] エアポート	名 空港			
596 □	**can** [kǽn] キャン	名 缶			
597 □	**return** [ritə́ːrn] ウリターン	動 ①戻る，帰る ②～を戻す，返す			
598 □	**later** [léitər] レイタ	副 あとで，後に			
599 □	**wait** [wéit] ウェイト	動 待つ			

600 □	**until** [əntíl] アンティル	前 接 ～まで（ずっと）			
601 □	**noon** [núːn] ヌーン	名 正午			
602 □	**get to A**	A に着く，達する			
603 □	**museum** [mjuːzíəm] ミューズィアム	名 博物館，美術館			
604 □	**subway** [sʌ́bwèi] サブウェイ	名 地下鉄			
605 □	**get off**	（～を）降りる			
606 □	**next** [nékst] ネクスト	形 ①次の　② A **の隣に** 副 次に			
607 □	**station** [stéiʃən] ステイション	名 ①駅 ②局，署，所			
608 □	**change trains**	電車を乗りかえる			
609 □	**get on A**	A〈電車・バスなど〉に乗る			
610 □	**line** [láin] ライン	名 線；（鉄道などの）路線			
611 □	**reach** [ríːtʃ] ウリーチ	動 ～に着く			
612 □	**top** [tάp] タプ	名 頂上，頂			
613 □	**hill** [híl] ヒル	名 丘，坂			
614 □	**be going to V**	V するつもりだ； まさに V しそうだ			
615 □	**uncle** [ʌ́ŋkl] アンクル	名 おじ			
616 □	**trip** [tríp] トリプ	名 旅行，移動			

617	**great** [gréit] グレイト	形 偉大な，大きな，すばらしい			
618	**aunt** [ǽnt] アント	名 おば			
619	**come back**	戻る，帰ってくる			
620	**cousin** [kʌ́zn] カズン	名 いとこ			
621	**leave** [líːv] リーヴ	動 ①出発する　②～を去る ③～を残す，置いておく			
622	**for** [fər] ファ	前 ①～へ向かって　②～のために ③～の間			
623	**in** [ín] イン	前（現在から）～後に 副 中に			
624	**want to V** [wʌ́nt tə] ワント　トゥ	V したい			
625	**someday** [sʌ́mdèi] サムデイ	副（未来の）いつか，そのうち			
626	**scientist** [sáiəntəst] サイエンティスト	名 科学者			
627	**be born** [bɔ́ːrn] ボーン	生まれる			
628	**southern** [sʌ́ðərn] サザン	形 南の，南方の			
629	**part** [páːrt] パート	名 部分，一部			
630	**Africa** [ǽfrikə] アフリカ	名 アフリカ			
631	**Asia** [éiʒə] エイジャ	名 アジア			
632	**Europe** [júərəp] ユアロプ	名 ヨーロッパ			
633	**France** [frǽns] フランス	名 フランス			

634 ☐	**Germany** [dʒə́ːrmәni] ヂャーマニ	名 ドイツ			
635 ☐	**Holland** [hálәnd] ハランド	名 オランダ			
636 ☐	**Italy** [ítәli] イタリ	名 イタリア			
637 ☐	**Spain** [spéin] スペイン	名 スペイン			
638 ☐	**England** [íŋglәnd] イングランド	名 イングランド			
639 ☐	**Scotland** [skátlәnd] スカトランド	名 スコットランド			
640 ☐	**Ireland** [áiәrlәnd] アイアランド	名 アイルランド			
641 ☐	**Wales** [wéilz] ウェイルズ	名 ウェールズ			

§15 旅・移動・交通 [単語 No. 569～641 ／例文 s-162～182]

学習日 　.　.

日本語の意味になるように，キー・センテンスの空所に単語を入れましょう。

s-162 この道はローマに通じる。

□ This ＿＿ ＿＿s t o Rome.

s-163 そこでとてもたくさんの旅行者を見た。

□ I saw ＿ many ＿＿s ＿＿.

s-164 多くの男たちや女たちが故郷から遠く離れている。

□ Many of the ＿＿ and ＿＿ are ＿ ＿＿ from their ＿＿s.

s-165 飛行機が虹を越えて飛んでいった。

□ The ＿＿ flew ＿＿ the ＿＿.

s-166 去年彼は世界をあちこち旅した。

□ He ＿＿ around the ＿＿ last year.

s-167 海外旅行をするときには，現地の習慣に従うべきだ。

□ When you travel ＿＿, you ＿＿ ＿＿ ＿＿ ＿＿s.

s-168 私は春休みの間ハワイで楽しんだ。

□ I ＿＿ ＿ ＿＿ ＿＿ in Hawaii ＿＿ the spring ＿＿.

s-169 彼女は海外でたくさんの興味深い経験をした。

☐ She had a lot of interesting ______s ______.

s-170 彼女が空港に彼らを車で迎えに行った。

☐ She ______ them ___ at the ______.

s-171 私たちは道路の缶を拾い上げた。

☐ We ______ ___ ____s on the road.

s-172 彼は１ヵ月後に家に戻った。

☐ He ______ home one month ______.

s-173 私は正午まで彼を待った。

☐ I ______ for him ______ ______.

s-174 「どうすれば博物館に行けますか？」「地下鉄に乗って，次の駅で降りなさい」

☐ “How can I ____ ___ the ______?”

“Take the ______ and ____ ____ at the ______ ______.”

s-175 電車を乗りかえて山手線に乗らなければならない。

☐ I have to ______ ______ and ____ ___ the Yamanote _____.

s-176 私たちはまもなく丘の頂に着くでしょう。

☐ We’ll ______ the ____ of the ____ soon.

s-177 明日おじさんを訪ねるつもりです。

□ I' ____ ______ ___ visit my ______ tomorrow.

s-178 「ヨーロッパへの修学旅行はどうでしたか？」「すばらしかったです」

□ "How was your school ____ to Europe?"

"It was ______."

s-179 おばがイングランドに帰ってくる。

□ My _____ is _______ _____ to ________.

s-180 いとこは１ヵ月後にフランスに向けて出発するだろう。

□ My _______ will ______ ____ _______ __ a month.

s-181 私はいつかスペインに行きたい。

□ I _____ ___ go to _____ _______.

s-182 その科学者はドイツの南部で生まれた。

□ That _________ ____ _____ in the _________ _____ of ________.

§16 文化・スポーツ ［単語 No.642～699／例文 s-183～199］

学習日 . .

No.	単語と発音	品詞と主な意味	書きこみ①	書きこみ②	書きこみ③
642 □	**get** [gét] ゲト	動 ①～を手に入れる ②Cになる			
643 □	**concert** [kάnsərt] カンサト	名 コンサート			
644 □	**ticket** [tíkət] ティケト	名 チケット，切符			
645 □	**adult** [ədʌ́lt] アダルト	名 大人，成人 形 大人の			
646 □	**child** [tʃáild] チャイルド	名 子ども			
647 □	**think** [θíŋk] スィンク	動 ～と思う，考える			
648 □	**that** [ðǽt] ザト	接 ～ということ			
649 □	**musician** [mjuːzíʃən] ミューズィシャン	名 音楽家			
650 □	**fantastic** [fæntǽstik] ファンタスティク	形 すばらしい，すてきな			
651 □	**hope** [hóup] ホウプ	動 ～を望む，願う 名 希望			
652 □	**become** [bikʌ́m] ビカム	動 ～になる			
653 □	**pilot** [páilət] パイロト	名 パイロット			
654 □	**future** [fjúːtʃər] フューチャ	名 未来，将来			
655 □	**say** [séi] セイ	動 ～と言う			

656 □	**start to V**	Vし始める			
657 □	**lesson** [lésn] レスン	名 レッスン，課，授業			
658 □	**actress** [ǽktrəs] アクトレス	名 女優			
659 □	**popular** [pápjələr] パピュラ	形 人気のある； 大衆的な，通俗的な			
660 □	**among** [əmʌ́ŋ] アマング	前 ～の間で			
661 □	**young** [jʌ́ŋ] ヤング	形 若い			
662 □	**lady** [léidi] レイディ	名 婦人			
663 □	**pop** [páp] パプ	形 流行の，ポップな			
664 □	**bridge** [brídʒ] ブリヂ	名 橋			
665 □	**between** [bitwíːn] ビトウィーン	前（2つのもの）の間に			
666 □	**right** [ráit] ウライト	形 正しい，ふさわしい 副 正しく 名 正しいこと			
667 □	**western** [wéstərn] ウェスタン	形 西洋の，欧米の			
668 □	**culture** [kʌ́ltʃər] カルチャ	名 文化			
669 □	**tradition** [trədíʃən] トラディション	名 伝統			
670 □	**comic** [kámik] カミク	名 漫画（本） 形 喜劇の，こっけいな			
671 □	**story** [stɔ́ːri] ストーリ	名 ①話，物語 ②（建物の）階			
672 □	**boring** [bɔ́ːriŋ] ボーリング	形 退屈な， 〈人を〉退屈させるような			

673	**agree** [əgríː] アグリー	動 同意する，賛成する			
674	**film** [fílm] フィルム	名 映画，フィルム			
675	**show** [ʃóu] ショウ	動 ～を示す，見せる，表す 名 見せ物，番組			
676	**power** [páuər] パウア	名 力			
677	**theater** [θíːətər] スィーアタ	名 劇場			
678	**to V**	① V するために ② V すること			
679	**drama** [dráːmə] ドラーマ	名 劇，戯曲，演劇			
680	**jump** [dʒʌ́mp] ヂャンプ	動 跳ぶ，跳躍する			
681	**stage** [stéidʒ] ステイヂ	名 ①舞台 ②段階			
682	**image** [ímidʒ] イミヂ	名 イメージ，面影，印象；像			
683	**remain** [riméin] ゥリメイン	動 ①残る ②～のままである			
684	**mind** [máind] マインド	名 心，精神 動 ～を嫌だと思う			
685	**mother tongue** [tʌ́ŋ] タング	母語			
686	**mean** [míːn] ミーン	動 ～を意味する			
687	**native** [néitiv] ネイティヴ	形 出生地の，母国の； ある場所に特有の			
688	**understand** [ʌ̀ndərstǽnd] アンダスタンド	動 ～を理解する			
689	**meaning** [míːniŋ] ミーニング	名 意味			

690	**sentence** [séntəns] センテンス	名 文			
691	**either** [íːðər] イーザ	副 ①～もまた（ない） ②AかBか			
692	**record** [rikɔ́ːrd] ゥリコード	動（～を）記録する 名 [rékərd] ゥレカド 記録，録音［録画］			
693	**special** [spéʃl] スペシュル	形 特別な			
694	**program** [próugræm] プロウグラム	名 番組，計画			
695	**win** [wín] ウィン	動 ～に勝つ；～を勝ちとる			
696	**race** [réis] ゥレイス	名 ①競走，レース；競争，争い ②人種			
697	**Olympics** [əlímpik(s)] オリンピク(ス)	名 オリンピック			
698	**hit** [hít] ヒト	動 ①～をたたく，打つ ②〈天災などが〉～をおそう			
699	**quickly** [kwíkli] クウィクリ	副 すばやく，急いで，すぐに			

§16 文化・スポーツ ［単語 No.642～699／例文 s-183～199］

学習日 ・ ・

日本語の意味になるように，キー・センテンスの空所に単語を入れましょう。

s-183 大人１枚と子ども１枚のコンサートチケットを手に入れた。
☐ I ____ one ________ ________ for an ______ and one for a ______.

s-184 私はこの音楽家はすばらしいと思う。
☐ I ______ _____ this __________ is __________.

s-185 将来あなたがパイロットになるよう願っています。
☐ I ______ you'll ________ a _____ in the _______.

s-186 彼女はピアノのレッスンを受け始めたと言った。
☐ She _____ she ________ ___ take piano ________s.

s-187 その女優は若い女性の間で人気がある。
☐ That ________ is ________ _______ the ______ _______.

s-188 「ポップミュージックは韓国と日本の間の橋だ」「その通りです」
☐ “____ music is a _______ _________ Korea and Japan.”
“That's ______.”

s-189 彼女は西洋の文化と伝統について多くの本を書いた。
☐ She wrote many books about ________ ________ and __________s.

s-190 「この漫画は好きじゃない。話が退屈だ」「私も同意見です」
☐ “I don't like this ______. The ______ is _______.” “I ______.”

s-191 この映画は愛の力を示している。

☐ The ______ ________s the ________ of love.

s-192 演劇を見るために私は劇場に行った。

☐ I went to the __________ ___ see a ________.

s-193 彼は舞台から跳び降りた。

☐ He __________ off the _______.

s-194 彼女の面影が私の心に残っている。

☐ Her ________ __________s in my ______.

s-195 「母語」とは母国の言葉を意味する。

☐ “_________ _________” ________s ________ language.

s-196 「私はこの文の意味を理解できない」「私もです」

☐ “I can’t ______________ the __________ of this ___________.”

“I can’t, ________.”

s-197 彼は CNN の特別番組を録画した。

☐ He ___________ the CNN _________ _________.

s-198 彼女はオリンピックの競走で勝ちたいと思っている。

☐ She wants to _____ a _____ in the __________.

s-199 彼はすばやくボールを打った。

☐ He ____ the ball _________.

§17 日常生活 [単語 No. 700 ~ 756 ／例文 s-200 ~ 220]

学習日 . .

No.	単語と発音	品詞と主な意味	書きこみ①	書きこみ②	書きこみ③
700 □	**out of**	～の外に［へ］，～から			
701 □	**window** [wíndou] ウィンドウ	名 窓			
702 □	**just** [dʒʌ́st] ヂャスト	副 ①ちょうど ②ちょっと，ただ			
703 □	**then** [ðén] ゼン	副 そのとき（に），それから； そうすると			
704 □	**knock** [nák] ナク	動 ノックする，（～を）たたく			
705 □	**front** [frʌ́nt] フラント	形 名 正面（の），前方（の）			
706 □	**door** [dɔ́:r] ドー	名 ドア，戸，扉，玄関			
707 □	**lose** [lú:z] ルーズ	動 ①～を失う，なくす ②〈試合など〉に負ける			
708 □	**key** [kí:] キー	名 かぎ			
709 □	**living room** [líviŋ] リヴィング	居間，リビングルーム			
710 □	**floor** [flɔ́:r] フロー	名 階，床			
711 □	**keep** [kí:p] キープ	動 ①～を保つ，置いておく ②ずっと C のままである			
712 □	**calendar** [kǽləndər] キャリンダ	名 カレンダー			
713 □	**bedroom** [bédrù(:)m] ベドル(ー)ム	名 ベッドルーム，寝室			

714 □	**There is A.**	A がある。			
715 □	**restaurant** [réstərənt] ゥレストラント	名 レストラン，料理店			
716 □	**no** [nóu] ノウ	形 ひとつも…ない 副 いいえ，いや			
717 □	**star** [stáːr] スター	名 星			
718 □	**tonight** [tənáit] トゥナイト	副 名 今夜（は）			
719 □	**robot** [róubɑt] ゥロウバト	名 ロボット			
720 □	**up and down**	（～を）上がったり下がったり， 上下に			
721 □	**stair** [stéər] ステア	名 ①階段 ②一段			
722 □	**easily** [íːzəli] イーズィリ	副 かんたんに，容易に			
723 □	**dump** [dʌ́mp] ダンプ	動〈ゴミなど〉を捨てる， 処分する			
724 □	**trash** [trǽʃ] トラシュ	名 ゴミ，くず			
725 □	**bathroom** [bǽθrùːm] バスルーム	名 浴室，風呂場； 手洗い，トイレ			
726 □	**certainly** [sə́ːrtnli] サートンリ	副 ①もちろん，その通り ②確かに，疑いなく			
727 □	**need** [níːd] ニード	動 ～を必要とする 名 必要			
728 □	**clothes** [klóuz] クロウズ	名 衣服，身につけるもの			
729 □	**life** [láif] ライフ	名 生活，人生；生命			
730 □	**completely** [kəmplíːtli] コンプリートリ	副 完全に，すっかり			

731 □	**bell** [bél] ベル	名 ベル；鐘			
732 □	**ring** [ríŋ] ウリング	動 鳴る，響く			
733 □	**few** [fjúː] フュー	形 代 ①少し（の），2，3（の） ②ほとんどない（もの）			
734 □	**hour** [áuə*r*] アウア	名 1時間，60分			
735 □	**map** [mǽp] マプ	名 地図			
736 □	**Internet** [íntə*r*nèt] インタネト	名 インターネット			
737 □	**useful** [júːsfl] ユースフル	形 便利な，役に立つ			
738 □	**receive** [risíːv] ウリスィーヴ	動 ～を受け取る			
739 □	**Christmas** [krísməs] クリスマス	名 クリスマス			
740 □	**card** [kɑ́ː*r*d] カード	名 カード，券，はがき			
741 □	**church** [tʃə́ː*r*tʃ] チャーチ	名 教会			
742 □	**pray** [préi] プレイ	動 祈る			
743 □	**god** [gɑ́d] ガド	名 神			
744 □	**push** [púʃ] プシュ	動 ～を押す			
745 □	**wheelchair** [*h*wíːltʃèə*r*] ウィールチェア	名 車いす			
746 □	**along** [əlɔ́ŋ] アロング	前 ～に沿って 副 沿って，進んで			
747 □	**schedule** [skédʒuːl] スケヂュール	名 予定（表）			

748 □	**festival** [féstəvl] フェスティヴル	名 お祭り，祝祭，祭日			
749 □	**build** [bíld] ビルド	動 ～を建てる			
750 □	**tower** [táuər] タウア	名 塔，タワー			
751 □	**shore** [ʃɔ́ːr] ショー	名 岸，海岸			
752 □	**stone** [stóun] ストウン	名 石			
753 □	**roll** [róul] ゥロウル	動 転がる			
754 □	**slope** [slóup] スロウプ	名 坂			
755 □	**nothing** [nʌ́θiŋ] ナスィング	代 何も…ない，少しも…ない 名 つまらないこと			
756 □	**happen** [hǽpn] ハプン	動 起こる，生じる			

§ 17　日常生活　[単語 No. 700 ～ 756 ／例文 s-200 ～ 220]

学習日　　・　・

日本語の意味になるように，キー・センテンスの空所に単語を入れましょう。

s-200 彼女は窓の外を見た。
☐ She looked ____ ____ the ________.

s-201 ちょうどそのとき彼が正面玄関をノックした。
☐ ____ ____ he ________ on the ____ ____.

s-202 ドアのかぎをなくすな。
☐ Don’t ____ the ____ to the door.

s-203 居間は1階にある。
☐ The ____ ____ is on the first ____.

s-204 私は寝室にカレンダーを置いておく。
☐ I ____ a ________ in the ________.

s-205 このホテルにはいいレストランがある。
☐ ____ ____ a good ________ in the hotel.

s-206 今夜は星ひとつない。
☐ There are ____ ____s ________.

s-207 そのロボットはかんたんに階段を上がったりおりたりできる。

☐ The ______ can go ___ ____ ______ _______ _______.

s-208 ここにゴミを捨てるな。

☐ Don't ______ ______ here.

s-209 「お手洗いを貸してもらえますか？」「もちろん」

☐ "Can I use the __________?"

"__________."

s-210 私は服を着替える必要がある。

☐ I ______ to change my ________.

s-211 私の生活は全く変わった。

☐ My ____ changed __________.

s-212 2, 3時間前にベルが鳴った。

☐ The ____ _____ a ____ _____s ago.

s-213 インターネットで地図を手に入れられます。それは本当に便利です。

☐ You can get _____s on the _________. They are really _______.

s-214 彼は友だちからクリスマスカードを受け取った。

☐ He __________ a ___________ _____ from his friend.

s-215 神に祈るために私たちは教会に行く。

☐ We go to ________ to ______ to _____.

s-216 彼女は通りに沿って彼の車いすを押した。

☐ She _________ his ______________ _______ the street.

s-217 祭りの予定を見てください。

☐ Please see the ___________ for the __________.

s-218 彼らは岸の近くに塔を建てている。

☐ They're ___________ a _______ near the _______.

s-219 石が坂を転がった。

☐ A _______ ________ down the _______.

s-220 今日はいいことが何も起こらなかった。

☐ __________ good ____________ today.

§18 仕事・ビジネス [単語 No. 757 ～ 786 ／例文 s-221 ～ 230]

学習日 . .

No.	単語と発音	品詞と主な意味	書きこみ①	書きこみ②	書きこみ③
757 □	**international** [ìntərnǽʃənl] インタナショヌル	形 国際的な			
758 □	**meeting** [mí:tiŋ] ミーティング	名 会議			
759 □	**on** [ɑn] アン	前 ①～に関して ②〈曜日・日付〉に			
760 □	**air** [éər] エア	名 空気，大気			
761 □	**pollution** [pəlú:ʃən] ポルーション	名 汚染，公害			
762 □	**presentation** [prìzəntéiʃən] プリーゼンテイション	名 発表，提案，プレゼン			
763 □	**difficult** [dífikʌlt] ディフィカルト	形 むずかしい，困難な			
764 □	**task** [tǽsk] タスク	名 仕事，任務，作業			
765 □	**must** [məst] マスト	助 ～しなければならない			
766 □	**choose** [tʃú:z] チューズ	動（～を）選ぶ			
767 □	**topic** [tɑ́pik] タピク	名 話題，テーマ，題目			
768 □	**set** [sét] セト	動 ～を定める，設定する 名 一組			
769 □	**goal** [góul] ゴウル	名 目標，目的；ゴール			
770 □	**each** [í:tʃ] イーチ	形 それぞれの，各～ 副 代 それぞれ			

771 □	**clerk** [klə́ːrk] クラーク	名 職員，店員，事務員，係			
772 □	**post office** [póust ɑ̀fəs] ポウスト アフィス	郵便局			
773 □	**nurse** [nə́ːrs] ナース	名 看護師			
774 □	**hospital** [hɑ́spitl] ハスピトル	名 病院			
775 □	**police** [pəlíːs] ポリース	名 警察			
776 □	**officer** [ɑ́fəsər] アフィサ	名 役人，公務員，警官			
777 □	**loud** [láud] ラウド	形〈音・声が〉大きい，うるさい 副 大きな声で			
778 □	**voice** [vɔ́is] ヴォイス	名 声			
779 □	**training** [tréiniŋ] トレイニング	名 訓練			
780 □	**astronaut** [ǽstrənɔ̀ːt] アストロノート	名 宇宙飛行士			
781 □	**hard** [hɑ́ːrd] ハード	形 ①むずかしい　②かたい 副 一生懸命に			
782 □	**search** [sə́ːrtʃ] サーチ	動 探す；〈場所〉を探す			
783 □	**treasure** [tréʒər] トレジャ	名 宝物			
784 □	**would like to V**	V したい			
785 □	**share** [ʃéər] シェア	動 ～を共有する，分かち合う 名 分け前，取り分			
786 □	**information** [ìnfərméiʃən] インファメイション	名 情報			

§18　仕事・ビジネス　[単語 No. 757 ~ 786 / 例文 s-221 ~ 230]

学習日　　・　　・

日本語の意味になるように，キー・センテンスの空所に単語を入れましょう。

s-221 彼らは大気汚染についての国際会議を開いた。
□ They had an ＿＿＿＿ ＿＿＿＿ ＿＿ ＿＿ ＿＿＿＿.

s-222 いい発表をすることはむずかしい仕事だ。
□ Making a good ＿＿＿＿ is a ＿＿＿＿ ＿＿＿.

s-223 君は適切な話題を選ばなければならない。
□ You ＿＿＿ ＿＿＿＿ the right ＿＿＿.

s-224 私は毎日小さな目標を定める。
□ I ＿＿ small ＿＿＿s ＿＿＿ day.

s-225 彼は郵便局の職員だ。
□ He is a ＿＿＿ at the ＿＿＿ ＿＿＿.

s-226 彼女は病院の看護師だ。
□ She is a ＿＿＿＿ at the ＿＿＿＿.

s-227 その警察官は大きな声で話した。
□ The ＿＿＿＿ ＿＿＿＿ spoke in a ＿＿＿ ＿＿＿.

s-228 宇宙飛行士になるための訓練はむずかしい。

☐ ______ to be an ______ is ______.

s-229 私たちは宝物を探している。

☐ We're ______ for ______.

s-230 私はあなたと情報を共有したい。

☐ I ______ ______ ______ ______ ______ with you.

§19 健康・食事 [単語 No. 787～831／例文 s-231～244]

学習日 　・　・

No.	単語と発音	品詞と主な意味	書きこみ①	書きこみ②	書きこみ③
787 □	**smoking** [smóukiŋ] スモウキング	名 喫煙			
788 □	**bad** [bǽd] バド	形 悪い			
789 □	**health** [hélθ] ヘルス	名 健康			
790 □	**hurt** [hə́ːrt] ハート	動〈人の体〉をけがする,〈人〉を傷つける			
791 □	**accident** [ǽksədənt] アクスィデント	名 事故			
792 □	**drugstore** [drʌ́gstɔ̀ːr] ドラグストー	名 ドラッグストア			
793 □	**over there**	あそこに，向こうに			
794 □	**dentist** [déntəst] デンティスト	名 歯医者			
795 □	**for the first time**	初めて			
796 □	**farmer** [fáːrmər] ファーマ	名 農家，農民，農場主			
797 □	**grow** [gróu] グロウ	動〈農作物〉を栽培する；成長する，育つ			
798 □	**organic** [ɔːrgǽnik] オーギャニク	形 有機農法の，有機栽培の			
799 □	**vegetable** [védʒətəbl] ヴェヂタブル	名 野菜			
800 □	**strawberry** [strɔ́ːbèri] ストローベリ	名 いちご			
801 □	**hunting** [hʌ́ntiŋ] ハンティング	名 狩り			

No.	単語	意味			
802 □	**forest** [fárəst] ファレスト	名 森			
803 □	**they** [ðéi] ゼイ	代（ある地域・店などの）人たちは［が］			
804 □	**sell** [sél] セル	動 ～を売る；〈ものが〉売れる			
805 □	**fresh** [fréʃ] フレシュ	形 新鮮な，新しい			
806 □	**fruit** [frúːt] フルート	名 果物；成果			
807 □	**supermarket** [súːpərmɑ̀ːrkət] スーパマーケト	名 スーパーマーケット			
808 □	**something** [sʌ́mθìŋ] サムスィング	代 何かあるもの［こと］			
809 □	**bean** [bíːn] ビーン	名 豆			
810 □	**salad** [sǽləd] サラド	名 サラダ			
811 □	**sandwich** [sǽndwitʃ] サンドウィチ	名 サンドイッチ			
812 □	**bowl** [bóul] ボウル	名 鉢，わん，ボウル			
813 □	**tomato** [təméitou] トメイトウ	名 トマト			
814 □	**soup** [súːp] スープ	名 スープ			
815 □	**delicious** [dilíʃəs] ディリシャス	形 おいしい			
816 □	**bake** [béik] ベイク	動〈パン・クッキーなど〉を焼く			
817 □	**peach** [píːtʃ] ピーチ	名 桃，ピーチ			
818 □	**pie** [pái] パイ	名 パイ			
819 □	**cut** [kʌ́t] カト	動 ～を切る			

820 □	**chocolate** [tʃɔ́(ː)kələt] チョ（ー）コラト	名 チョコレート			
821 □	**cake** [kéik] ケイク	名 ケーキ			
822 □	**with** [wiθ] ウィス	前 ①〈道具〉で ②〜と，〜と一緒に			
823 □	**knife** [náif] ナイフ	名 ナイフ，小刀			
824 □	**like Ving**	V するのが好きだ			
825 □	**cold** [kóuld] コウルド	形 冷たい，寒い 名 寒さ；風邪			
826 □	**plastic** [plǽstik] プラスティク	形 名 プラスチック（の）			
827 □	**tray** [tréi] トレイ	名 盆，トレー			
828 □	**cafeteria** [kæ̀fətíəriə] キャフェティアリア	名 カフェテリア， （セルフサービスの）食堂			
829 □	**finish** [fíniʃ] フィニシュ	動 〜を終える			
830 □	**everything** [évriθiŋ] エヴリスィング	代 すべてのもの［こと］， 何もかも			
831 □	**plate** [pléit] プレイト	名 皿			

§19 健康・食事 [単語 No. 787 ～ 831 ／例文 s-231 ～ 244]

学習日 . .

日本語の意味になるように，キー・センテンスの空所に単語を入れましょう。

s-231 □ 喫煙は健康に悪い。
______ is ____ for ______.

s-232 □ 彼は事故で脚をけがした。
He _____ his leg in an ________.

s-233 □ ドラッグストアはあそこにある。
The ________ is _____ _____.

s-234 □ その子は初めて歯医者に行った。
The child went to the ______ ____ ____ _____ _____.

s-235 □ その農家は有機野菜を栽培する。
The _____s _____ ______ _______s.

s-236 □ 私は森にいちご狩りに行った。
I went ________ _______ in the _____.

s-237 □ スーパーマーケットで新鮮な果物を売っている。
_____ ____ _____ _____ at the ________.

s-238 何か食べ物はいりませんか？　豆サラダとサンドイッチがあります。

☐ Would you like ________ to eat? We have ______ ______ and ________es.

s-239 彼女のトマトスープを１杯食べなさい。おいしいよ。

☐ Have a ______ of her ________ ______. It's ________.

s-240 彼女はピーチパイを焼いた。

☐ She ______ a ______ ____.

s-241 彼はナイフでチョコレートケーキを切った。

☐ He ____ the ________ ______ ______ a ______.

s-242 私は冷たいお茶を飲むのが好きです。

☐ I ____ drink ______ tea.

s-243 そのカフェテリアではプラスチックのお盆を使っている。

☐ They use ________ ______s in the ________.

s-244 皿にあるすべてのものを食べ終えてください。

☐ Please ______ eating ________ on your ______.

§20　買い物・衣服　[単語 No. 832 ～ 861 ／例文 s-245 ～ 254]

学習日　　・　・

No.	単語と発音	品詞と主な意味	書きこみ①	書きこみ②	書きこみ③
832 □	**give** [gív] ギヴ	動 ①～を与える，あげる ②〈会など〉を開く，もよおす			
833 □	**present** [préznt] プレズント	名 プレゼント，贈り物			
834 □	**idea** [aidíːə] アイディーア	名 考え，思いつき			
835 □	**lovely** [lʌ́vli] ラヴリ	形 かわいい，美しい； すばらしい			
836 □	**dress** [drés] ドレス	名 服，服装 動 ～に服を着せる			
837 □	**may** [méi] メイ	助 ①～してもよい ②～かもしれない			
838 □	**look for A**	A を探す			
839 □	**coat** [kóut] コウト	名 コート			
840 □	**too** [túː] トゥー	副 ①あまりにも，～すぎ ②～もまた，同様に			
841 □	**expensive** [ikspénsiv] イクスペンスィヴ	形 高価な，〈値段が〉高い			
842 □	**cheap** [tʃíːp] チープ	形 安価な，〈値段が〉安い			
843 □	**another** [ənʌ́ðər] アナザ	形 別の，もうひとつの			
844 □	**style** [stáil] スタイル	名 スタイル，型			
845 □	**skirt** [skə́ːrt] スカート	名 スカート			

846 □	**wonderful** [wʌ́ndərfl] ワンダフル	形（驚くほど）すばらしい，すてきな			
847 □	**shape** [ʃéip] シェイプ	名 形，姿，格好			
848 □	**size** [sáiz] サイズ	名 サイズ，寸法			
849 □	**price** [práis] プライス	名 価格，値段			
850 □	**low** [lóu] ロウ	形〈高さ・温度などが〉低い，〈値段が〉安い			
851 □	**perfect** [pə́ːrfikt] パーフィクト	形 完全な，申し分のない，すばらしい			
852 □	**I'll take A.**	A を買います。			
853 □	**Here is A.**	これは A です， ここに A があります。			
854 □	**change** [tʃéindʒ] チェインヂ	名 ①おつり　②変化 動 ①～を変える　②着替える			
855 □	**wrap** [rǽp] ゥラプ	動 ～を包む，くるむ，巻く			
856 □	**gift** [gíft] ギフト	名 贈り物			
857 □	**moment** [móumənt] モウメント	名 瞬間，一瞬			
858 □	**could** [kúd] クド	助 ～できた			
859 □	**wine** [wáin] ワイン	名 ワイン，ぶどう酒			
860 □	**simply** [símpli] スィンプリ	副 単に			
861 □	**money** [mʌ́ni] マニ	名 お金			

§20 買い物・衣服 [単語 No. 832 ~ 861 ／例文 s-245 ~ 254]

学習日 . .

日本語の意味になるように，キー・センテンスの空所に単語を入れましょう。

s-245 「彼女にプレゼントをあげたい」「それはいい考えだ」

☐ “I want to ______ her a __________.”

“That’s a good ______.”

s-246 彼女はかわいい服を着ていた。

☐ She was in a ________ _______.

s-247 「お手伝いいたしましょうか？」「はい，コートを探しています」

☐ “_____ I help you?”

“Yes, I’m _________ ____ a _____.”

s-248 これは高価すぎます。もっと安いものはありませんか？

☐ This is ____ _____________. Do you have a ________er one?

s-249 別のスタイルを見せてください。

☐ Please show me __________ ______.

s-250 このスカートはすばらしい形です。

☐ This ______ has a _____________ ________.

s-251 「これはあなたのサイズですし，値段はとても安いです」「すばらしい。それをもらいます」

☐ “This is your ______ and the ________ is very _____.”

“__________. _____ ______ it.”

s-252 これはおつりです。

☐ _________ your _________.

s-253 すぐに贈り物を包みます。

☐ I’ll _______ the _____ in a __________.

s-254 単にお金を持っていなかったので，私はワインを買うことができなかった。

☐ I _______ not buy the ______ ________ because I had no ________ with me.

§21　感情・感覚　[単語 No. 862～914／例文 s-255～272]

学習日　　・　　・

No.	単語と発音	品詞と主な意味	書きこみ①	書きこみ②	書きこみ③
862 □	**look** [lúk] ルク	動 ①Cに見える　②Aを見る ③ほら，いいかい			
863 □	**sad** [sǽd] サド	形 悲しい			
864 □	**wrong** [rɔ́(ː)ŋ] ウロ（ー）ング	形 ①具合が悪い，故障して ②間違った，誤った			
865 □	**sleepy** [slíːpi] スリーピ	形 眠い			
866 □	**feel** [fíːl] フィール	動 ①Cに感じる ②～を感じる			
867 □	**unhappy** [ʌnhǽpi] アンハピ	形 悲しい，みじめな； 不幸な，不運な			
868 □	**clear** [klíər] クリア	形 ①明らかな　②晴れた 動 ～をかたづける			
869 □	**reason** [ríːzn] ゥリーズン	名 理由，わけ			
870 □	**cookie** [kúki] クキ	名 クッキー，ビスケット			
871 □	**taste** [téist] テイスト	動 Cな味がする 名 味			
872 □	**sweet** [swíːt] スウィート	形 甘い			
873 □	**enjoy Ving** [indʒɔ́i] インヂョイ	Vするのを楽しむ，Vして遊ぶ			
874 □	**draw** [drɔ́ː] ドロー	動 ①〈絵〉を描く，〈線〉を引く ②～を引く，引っ張る			
875 □	**firework** [fáiərwə̀ːrk] ファイアワーク	名 花火			

876	**free** [fríː] フリー	形 自由な，ひまな			
877	**finally** [fáinəli] ファイナリ	副 ①ついに，やっと ②**最後に**			
878	**stop Ving** [stáp] スタプ	V するのを止める			
879	**cry** [krái] クライ	動（声をあげて）泣く；叫ぶ 名 **泣き声**			
880	**excited** [iksáitid] イクサイティド	形〈人が〉興奮している，わくわくしている			
881	**zoo** [zúː] ズー	名 動物園			
882	**get** [gét] ゲト	動 ① C になる ②**〜を手に入れる**			
883	**angry** [ǽŋgri] アングリ	形 怒っている，腹を立てて			
884	**break** [bréik] ブレイク	動 〜を壊す，割る，破る 名 **休憩**			
885	**vase** [véis] ヴェイス	名 花びん			
886	**glad** [glǽd] グラド	形〈人が〉うれしい			
887	**hear** [híər] ヒア	動 〜を聞く，聞こえる			
888	**surprised** [sərpráizd] サプライズド	形〈人が〉驚いている			
889	**machine** [məʃíːn] マシーン	名 機械			
890	**Thank you for A [Ving].**	A［Ving］のことでありがとう。			
891	**send** [sénd] センド	動 〜を送る			
892	**photo** [fóutou] フォウトウ	名 写真			

893 ☐	**pleasure** [plédʒər] プレジャ	名 楽しみ，喜び			
894 ☐	**try** [trái] トライ	動 V しようとする，試みる； ～を試す			
895 ☐	**kind** [káind] カインド	形 親切な，やさしい			
896 ☐	**other** [ʌ́ðər] アザ	形 他の，別の 代 他のもの			
897 ☐	**people** [píːpl] ピープル	名 人々；国民，民族			
898 ☐	**interested** [íntərəstid] インタレスティド	形〈人が〉興味を持っている			
899 ☐	**doll** [dál] ダル	名 人形			
900 ☐	**respect** [rispékt] ゥリスペクト	動〈人〉を尊敬する 名 尊敬，**敬意**			
901 ☐	**honest** [ánəst] アネスト	形 正直な			
902 ☐	**priest** [príːst] プリースト	名 僧，司祭			
903 ☐	**believe** [bilíːv] ビリーヴ	動 ～を信じる，～だと思う			
904 ☐	**temple** [témpl] テンプル	名 寺（院），聖堂			
905 ☐	**sacred** [séikrid] セイクリド	形 神聖な			
906 ☐	**keep** [kíːp] キープ	動 ①ずっと C のままである **②～を保つ，置いておく**			
907 ☐	**silent** [sáilənt] サイレント	形 静かな，沈黙の			
908 ☐	**rock** [rák] ゥラク	名 岩			
909 ☐	**look like A**	A のように見える， A に似ている			

910 □	**like** [láik] ライク	前 ～のように，～のような，～に似た			
911 □	**human** [hjúːmən] ヒューマン	形 人間の 名 人間			
912 □	**laugh** [lǽf] ラフ	動（声に出して）笑う			
913 □	**person** [pə́ːrsn] パースン	名 人			
914 □	**trouble** [trʌ́bl] トラブル	名 苦労，心配，困難			

§21 感情・感覚 [単語 No. 862～914／例文 s-255～272]

学習日 . .

日本語の意味になるように，キー・センテンスの空所に単語を入れましょう。

s-255 どうしたの？ 悲しそうだね。

☐ What's up? You _____ _____.

s-256 どこか具合が悪いのですか？ 眠いのですか？

☐ What's _____? Are you _____?

s-257 私ははっきりとした理由もなくみじめな気持ちだ。

☐ I _____ _____ for no _____ _____.

s-258 このクッキーは甘い味がする。

☐ This _____ _____s _____.

s-259 私はひまな時に花火の絵を描いて楽しむ。

☐ I _____ _____ pictures of _____ in my _____ time.

s-260 彼女はやっと泣きやんだ。

☐ She _____ _____ _____.

s-261 動物園に行くことで彼はわくわくしていた。

☐ He was _____ about going to the _____.

s-262 もしその花びんを壊したら，彼は怒るだろう。

☐ He'll _____ _____ if you _____ the _____.

s-263 君の声を聞けてうれしい。

□ I'm ______ to ______ your voice.

s-264 その新しい機械を見て私は驚いた。

□ I was ____________ to see that new ___________.

s-265 「君の写真を送ってくれてありがとう」「どういたしまして」

□ "________ _____ _____ __________ me your ________s."

"My __________."

s-266 私はいつも他の人たちに親切にしようとしている。

□ I always ____ to be _____ to _______ ________.

s-267 私は日本の人形に興味がある。

□ I'm ____________ in Japanese ______s.

s-268 人々は彼が正直なので尊敬している。

□ People _________ him for being ________.

s-269 その僧はすべての寺は神聖だと信じている。

□ The ________ _________s that all _________s are ________.

s-270 授業中彼らはずっと黙ったままだ。

□ They ______ _______ in class.

s-271 その岩は人間の顔のように見える。

□ The ______ ______s _____ a ________ face.

s-272 困っている人を笑うな。

□ Don't _______ at a _________ in _________.

§22 比較 [単語 No. 915～951 ／例文 s-273～286]

学習日 . .

No.	単語と発音	品詞と主な意味	書きこみ①	書きこみ②	書きこみ③
915 □	**as … as ～** [əz] アズ	～と同じくらい…			
916 □	**tall** [tɔ́ːl] トール	形 背が高い，〈建物などが〉高い			
917 □	**than** [ðən] ザン	接 ～よりも			
918 □	**heavy** [hévi] ヘヴィ	形 重い			
919 □	**elephant** [éləfənt] エリファント	名 象			
920 □	**skiing** [skíːiŋ] スキーイング	名 スキー			
921 □	**better** [bétər] ベタ	副 よりよく，より以上に 形 よりよい			
922 □	**skating** [skéitiŋ] スケイティング	名 スケート			
923 □	**ocean** [óuʃən] オウシャン	名 海，大洋			
924 □	**the Pacific Ocean** [pəsífik] パスィフィク	太平洋			
925 □	**the Atlantic Ocean** [ətlǽntikn] アトランティク	大西洋			
926 □	**light** [láit] ライト	名 光，明かり 形 軽い；明るい			
927 □	**sound** [sáund] サウンド	名 音，響き 動 C に聞こえる，思える			
928 □	**learn** [lə́ːrn] ラーン	動 ～を学ぶ，習得する： ～を知る			

929 □	**more** [mɔ́ːr] モー	名形副 より多く（のもの；人）；もっと			
930 □	**global** [glóubl] グロウブル	形 地球の，地球規模の			
931 □	**warm** [wɔ́ːrm] ウォーム	動 ～を暖める，暖まる 形 暖かい			
932 □	**environment** [enváiərnmənt] エンヴァイアンメント	名 環境			
933 □	**worse** [wə́ːrs] ワース	形 より悪い 副 より悪く			
934 □	**lake** [léik] レイク	名 湖			
935 □	**any** [éni] エニ	形 ①どんな～も ②いくつかの，何か，どれか			
936 □	**than any other ～**	他のどの～よりも			
937 □	**most** [móust] モウスト	形副名 ①最も多く（のもの，人） ②大部分（の）			
938 □	**important** [impɔ́ːrtənt] インポータント	形 重要な，重大な，大切な			
939 □	**message** [mésidʒ] メスイヂ	名 メッセージ，伝えたいこと，伝言			
940 □	**whale** [hwéil] ウェイル	名 クジラ			
941 □	**one of A**	A のひとつ			
942 □	**best** [bést] ベスト	形 最善の，最もよい 副 最もよく　名 最善			
943 □	**way** [wéi] ウェイ	名 ①方法，やり方 ②道			

944 □	**for oneself** [wʌnsélf] ワンセルフ	独力で，自分で			
945 □	**they say (that) ～**	～と言われている，～だそうだ			
946 □	**worst** [wə́ːrst] ワースト	形 最悪の 副 最も悪く　名 最悪			
947 □	**earthquake** [ə́ːrθkwèik] アースクウェイク	名 地震			
948 □	**occur** [əkə́ːr] オカー	動 起こる，生じる			
949 □	**prefer** [prifə́ːr] プリファー	動 ～を好む，～が好きだ			
950 □	**peace** [píːs] ピース	名 平和			
951 □	**war** [wɔ́ːr] ウォー	名 戦争			

§22　比較　[単語 No. 915～951／例文 s-273～286]

学習日　　.　　.

日本語の意味になるように，キー・センテンスの空所に単語を入れましょう。

s-273　彼は私と同じくらいの背の高さだ。
☐ He is ___ _____ ___ I.

s-274　彼は私より背が高い。
☐ He is taller ______ I.

s-275　その動物は象と同じくらい重い。
☐ The animal is as ________ as an ___________.

s-276　私はスケートよりスキーの方が好きだ。
☐ I like ________ ________ than __________.

s-277　太平洋は大西洋よりも大きい。
☐ _____ __________ ________ is larger than ____ __________ ________.

s-278　光は音よりも速く進む。
☐ _______ travels faster than ________.

s-279　私たちは地球温暖化についてもっと学ばなければならない。
☐ We must _______ _______ about ________ __________.

s-280 環境はより悪くなってきている。

☐ The ________ is getting ____.

s-281 琵琶湖は日本にある他のどの湖よりも大きい。

☐ ____ Biwa is larger ____ ____ ____ lake in Japan.

s-282 この本で一番大切なメッセージは何ですか？

☐ What is the ____ ________ ________ in the book?

s-283 クジラは最も大きな動物のひとつだ。

☐ ______s are ____ __ the largest animals.

s-284 多くのことを学ぶ最善の方法は独力で学ぶことだ。

☐ The ____ ____ to learn a lot is to learn ___ ________.

s-285 1556年に最悪の地震が起こったと言われている。

☐ ____ ___ the ____ ________ ________ in 1556.

s-286 私は戦争よりも平和を好む。

☐ I ______ ______ to ____.

§23 数量 [単語 No. 952～974／例文 s-287～293]

学習日　　・　・

No.	単語と発音	品詞と主な意味	書きこみ①	書きこみ②	書きこみ③
952 □	**now** [náu] ナウ	副 ①さて，さあ ②今（では），現在			
953 □	**check** [tʃék] チェク	動 ～を確認する，調べる			
954 □	**graph** [grǽf] グラフ	名 グラフ			
955 □	**below** [bilóu] ビロウ	副 下に［の，へ］ 前 ～の下に			
956 □	**compare** [kəmpéər] コンペア	動 ～を比較する			
957 □	**figure** [fígjər] フィギャ	名 ①数字　②図 ③（輪郭でわかる）姿，形			
958 □	**table** [téibl] テイブル	名 ①表 ②テーブル，食卓			
959 □	**foot** [fút] フト	名 ①フィート ②足　③（山の）ふもと			
960 □	**inch** [íntʃ] インチ	名 インチ			
961 □	**most** [móust] モウスト	名 形 副 ①大部分（の） ②最も多く（のもの，人）			
962 □	**enter** [éntər] エンタ	動〈場所〉に入る，〈学校〉に入学する			
963 □	**university** [jùːnəvə́ːrsəti] ユーニヴァースィティ	名 大学			
964 □	**age** [éidʒ] エイヂ	名 年齢，年			
965 □	**whole** [hóul] ホウル	形 全体の，すべての，全…			

966	**course** [kɔ́:rs] コース	名 コース，方向，進行			
967	**hundred** [hʌ́ndrəd] ハンドレド	名 形 100（の）			
968	**normal** [nɔ́:rml] ノームル	形 ふつうの，正常な，標準の			
969	**temperature** [témpərtʃər] テンパチャ	名 温度，体温，気温			
970	**degree** [digrí:] ディグリー	名（温度・角度などの）度			
971	**Celsius** [sélsiəs] セルスイアス	名 セ氏			
972	**quarter** [kwɔ́:rtər] クウォータ	名 4分の1，15分（1/4時間），25セント（1/4ドル）			
973	**past** [pǽst] パスト	前 ～を過ぎて 名 過去			
974	**half** [hǽf] ハフ	名 半分 形 半分の　副 半分は			

§23 数量 [単語 No. 952 ~ 974 ／例文 s-287 ~ 293]

学習日 . .

日本語の意味になるように，キー・センテンスの空所に単語を入れましょう。

s-287 さて下のグラフを確認しなさい。

☐ ______ ________ the ________ ________.

s-288 表の数字を比較しよう。

☐ Let's ____________ the __________s in the ______.

s-289 彼の身長は6フィート1インチだ。

☐ He is six ______ and one ______ tall.

s-290 私たちの大半は18か19の年齢で大学に入学する。

☐ ______ of us ________ ______________ at the _____ of 18 or 19.

s-291 彼は100キロの全コースを走った。

☐ He ran the ________ _________ of a ___________ kilometers.

s-292 私の平熱はセ氏36.5度です。

☐ My _________ _________________ is 36.5 __________s _________.

s-293 今は7時15分過ぎです。あと30分あります。

☐ It is a __________ ______ seven. You have _____ an hour.

§24 生物 [単語 No. 975 ~ 1014 ／例文 s-294 ~ 305]

学習日 . .

No.	単語と発音	品詞と主な意味	書きこみ①	書きこみ②	書きこみ③
975 □	**kind** [káind] カインド	名 種類			
976 □	**living** [líviŋ] リヴィング	形 生きている，現存する			
977 □	**pond** [pánd] パンド	名 池，沼			
978 □	**owl** [ául] アウル	名 フクロウ			
979 □	**famous** [féiməs] フェイマス	形 有名な，名高い，知られている			
980 □	**quietly** [kwáiətli] クワイエトリ	副 静かに			
981 □	**penguin** [péŋgwin] ペングウィン	名 ペンギン			
982 □	**appear** [əpíər] アピア	動 現れる			
983 □	**ice** [áis] アイス	名 氷			
984 □	**look** [lúk] ルク	動 ①ほら，いいかい ②Aを見る ③Cに見える			
985 □	**last** [lǽst] ラスト	形 ①最後の ②この前の 副 最後に 名 最後 動 続く			
986 □	**leaf** [líːf] リーフ	名 葉			
987 □	**fall** [fɔ́ːl] フォール	動 落ちる 名 秋			
988 □	**follow** [fálou] ファロウ	動 ①～について行く ②～に従う，～を守る			

989	**rabbit** [rǽbət] ウラビト	名 ウサギ			
990	**vet** [vét] ヴェト	名 獣医			
991	**take care of A**	A の世話をする，めんどうを見る			
992	**care** [kéər] ケア	名 世話，介護，注意 動 A を気づかう			
993	**endangered** [endéindʒərd] エンデインヂャド	形 絶滅の危機にひんしている			
994	**species** [spíːʃi(ː)z] スピーシ（ー）ズ	名（生物の）種			
995	**because of A**	A〈原因〉のために，A だから			
996	**example** [igzǽmpl] イグザンプル	名 例			
997	**type** [táip] タイプ	名 型，種類，タイプ			
998	**turtle** [tə́ːrtl] タートル	名 カメ，ウミガメ			
999	**danger** [déindʒər] デインヂャ	名 危険，危機			
1000	**dinosaur** [dáinəsɔ̀ːr] ダイノソー	名 恐竜			
1001	**suddenly** [sʌ́dnli] サドンリ	副 突然			
1002	**disappear** [dìsəpíər] ディサピア	動 消える，姿を消す， 存在しなくなる			
1003	**million** [míljən] ミリョン	名 形 100 万（の）			
1004	**communicate** [kəmjúːnəkèit] コミューニケイト	動 意思を伝える，伝達する			
1005	**each other** [íːtʃ ʌ́ðər] イーチ アザ	お互い			

No.	単語	意味			
1006 □	**field** [fíːld] フィールド	名 ①野原　②畑，田　③分野			
1007 □	**full** [fúl] フル	形 ①いっぱいの，満ちた ②満腹している			
1008 □	**grass** [grǽs] グラス	名 草（地），芝生（地），牧草（地）			
1009 □	**dig** [díg] ディグ	動 ～を掘る			
1010 □	**hole** [hóul] ホウル	名 穴			
1011 □	**bury** [béri] ベリ	動 ～を埋める			
1012 □	**dead** [déd] デド	形 死んだ，死んでいる			
1013 □	**deep** [díːp] ディープ	副 深く 形 深い			
1014 □	**ground** [gráund] グラウンド	名 土，地面，地中，地下； グラウンド			

§24 生物 [単語 No. 975～1014／例文 s-294～305]

学習日 ・ ・

日本語の意味になるように，キー・センテンスの空所に単語を入れましょう。

s-294 □ その池には多くの種類の生物がいる。
There are many ____s of ____ things in the ____.

s-295 □ フクロウは静かに飛ぶことで知られている。
____s are ____ for flying ____.

s-296 □ 氷の上にペンギンが現れた。
A ____ ____ on the ____.

s-297 □ ほら，最後の葉が落ちる。
____! The ____ ____ is ____.

s-298 □ アリスはウサギの後を追った。
Alice ____ the ____.

s-299 □ 獣医は病気の動物たちの世話をする。
A ____ ____s ____ ____ sick animals.

s-300 □ 汚染のために絶滅の危機にひんしている種がたくさんある。
There are many ____ ____ ____ ____ pollution.

s-301 たとえば，多くの種類のカメが今危機にひんしています。

☐ For ________, many _____s of ________s are now in ________.

s-302 約六千五百万年前に恐竜は突然消えた。

☐ The ________s ________ ________ about 65 ________ years ago.

s-303 すべての動物はお互い意思を伝えられる。

☐ All animals can ________ with ________ ________.

s-304 野原は草でおおわれている。

☐ The ________ is ________ of ________.

s-305 私は穴を掘り死んだ鳥を地中深く埋めるつもりだ。

☐ I will ________ a ________ and ________ the ________ bird ________ in the ________.

§25 地理・歴史・社会 [単語 No. 1015～1035／例文 s-306～313]

学習日 ・ ・

No.	単語と発音	品詞と主な意味	書きこみ①	書きこみ②	書きこみ③
1015 □	**billion** [bíljən] ビリョン	名形 10億（の）			
1016 □	**planet** [plǽnit] プラニト	名 惑星			
1017 □	**huge** [hjúːdʒ] ヒューヂ	形 巨大な，ばくだいな			
1018 □	**stadium** [stéidiəm] ステイディアム	名 競技場，野球場，スタジアム			
1019 □	**city hall** [síti hɔ́ːl] スィティ ホール	市役所，市庁舎			
1020 □	**country** [kʌ́ntri] カントリ	名 ①国 ②いなか			
1021 □	**be located** [lóukeitid] ロウケイティド	ある，位置する			
1022 □	**island** [áilənd] アイランド	名 島			
1023 □	**space** [spéis] スペイス	名 ①宇宙 ②空間			
1024 □	**fight** [fáit] ファイト	動 争う，戦う，戦闘する			
1025 □	**empty** [émpti] エンプティ	形 空いている，誰もいない，空の			
1026 □	**land** [lǽnd] ランド	名 土地，陸地 動 着陸する			
1027 □	**die** [dái] ダイ	動 死ぬ			
1028 □	**short** [ʃɔ́ːrt] ショート	形 短い			

1029	**birth** [bə́:rθ] バース	名 誕生			
1030	**ancestor** [ǽnsestər] アンセスタ	名 祖先，先祖，先人			
1031	**different** [dífərənt] ディファレント	形 違った，異なった，別の			
1032	**bomb** [bám] バム	名 爆弾 動 **～を爆撃する**			
1033	**explode** [iksplóud] イクスプロウド	動 爆発する			
1034	**kill** [kíl] キル	動 ～を殺す，死なせる			
1035	**soldier** [sóuldʒər] ソウルヂャ	名 兵士，兵，軍人			

§25 地理・歴史・社会 [単語 No. 1015～1035／例文 s-306～313]

学習日 . .

日本語の意味になるように，キー・センテンスの空所に単語を入れましょう。

s-306 この惑星には七十億の人がいる。
□ There are seven ______ people on the ______.

s-307 市役所の近くに巨大な競技場が建てられるだろう。
□ A ______ ______ will be built near the ______ ______.

s-308 わが国は東アジアに位置している。
□ Our ______ ___ ______ in East Asia.

s-309 その島々は宇宙から見ることができる。
□ The ______s can be seen from ______.

s-310 彼らはその空き地のことで争っている。
□ They are ______ over the ______ ______.

s-311 誕生後短時間で死ぬ赤ちゃんがたくさんいた。
□ Many of the babies ______ a ______ time after ______.

s-312 私たちの祖先は私たちと違っていた。
□ Our ______s were ______ from us.

s-313 爆弾が爆発し，多くの兵士を死なせた。
□ The ______ ______ and ______ many ______s.

§13 学校 p. 63

s-145 We came through the gate at the back of the schoolyard.
s-146 When I found her in the library, she was studying.
s-147 "Why were you absent yesterday?"
"Because I was sick."
s-148 "What subject do you like?"
"Industrial arts."
s-149 Everyone worried about the first exam.
s-150 We have to wear a uniform in our school.
s-151 I'll never forget his speech.

§14 天気・天文 p. 66

s-152 "How's the weather in Kyoto?"
"It's sunny and hot."
s-153 It is cloudy and cool in New York.
s-154 It will be fine tomorrow.
s-155 It will rain the day after tomorrow.
s-156 We won't have snow this week.
s-157 If it is rainy tomorrow, we'll play a video game.
s-158 The sky is bright and clear.
s-159 We can change wind energy into electricity.
s-160 The moon is behind the clouds.
s-161 The earth moves around the sun.

§15 旅・移動・交通 p. 73

s-162 This road leads to Rome.
s-163 I saw so many tourists there.
s-164 Many of the men and women are far away from their hometowns.
s-165 The plane flew over the rainbow.
s-166 He traveled around the world last year.
s-167 When you travel overseas, you should follow local customs.
s-168 I had a good time in Hawaii during the spring vacation.
s-169 She had a lot of interesting experiences abroad.
s-170 She picked them up at the airport.
s-171 We picked up cans on the road.
s-172 He returned home one month later.
s-173 I waited for him until noon.
s-174 "How can I get to the museum?"
"Take the subway and get off at the next station."
s-175 I have to change trains and get on the Yamanote Line.
s-176 We'll reach the top of the hill soon.
s-177 I'm going to visit my uncle tomorrow.
s-178 "How was your school trip to Europe?"
"It was great."
s-179 My aunt is coming back to England.
s-180 My cousin will leave for France in a month.
s-181 I want to go to Spain someday.
s-182 That scientist was born in the southern part of Germany.

§16 文化・スポーツ p. 80

s-183 I got one concert ticket for an adult and one for a child.
s-184 I think that this musician is fantastic.
s-185 I hope you'll become a pilot in the future.
s-186 She said she started to take piano lessons.
s-187 That actress is popular among the young ladies.
s-188 "Pop music is a bridge between Korea and Japan."
"That's right."
s-189 She wrote many books about western culture and traditions.
s-190 "I don't like this comic. The story is boring."
"I agree."
s-191 The film shows the power of love.
s-192 I went to the theater to see a drama.
s-193 He jumped off the stage.
s-194 Her image remains in my mind.
s-195 "Mother tongue" means native language.

s-196 "I can't understand the meaning of this sentence."
"I can't, either."
s-197 He recorded the CNN special program.
s-198 She wants to win a race in the Olympics.
s-199 He hit the ball quickly.

§17 日常生活 p. 86

s-200 She looked out of the window.
s-201 Just then he knocked on the front door.
s-202 Don't lose the key to the door.
s-203 The living room is on the first floor.
s-204 I keep a calendar in the bedroom.
s-205 There is a good restaurant in the hotel.
s-206 There are no stars tonight.
s-207 The robot can go up and down stairs easily.
s-208 Don't dump trash here.
s-209 "Can I use the bathroom?"
"Certainly."
s-210 I need to change my clothes.
s-211 My life changed completely.
s-212 The bell rang a few hours ago.
s-213 You can get maps on the Internet. They are really useful.
s-214 He received a Christmas card from his friend.
s-215 We go to church to pray to God.
s-216 She pushed his wheelchair along the street.
s-217 Please see the schedule for the festival.
s-218 They're building a tower near the shore.
s-219 A stone rolled down the slope.
s-220 Nothing good happened today.

§18 仕事・ビジネス p. 91

s-221 They had an international meeting on air pollution.
s-222 Making a good presentation is a difficult task.
s-223 You must choose the right topic.
s-224 I set small goals each day.
s-225 He is a clerk at the post office.
s-226 She is a nurse at the hospital.
s-227 The police officer spoke in a loud voice.
s-228 Training to be an astronaut is hard.
s-229 We're searching for treasure.
s-230 I would like to share information with you.

§19 健康・食事 p. 96

s-231 Smoking is bad for health.
s-232 He hurt his leg in an accident.
s-233 The drugstore is over there.
s-234 The child went to the dentist for the first time.
s-235 The farmers grow organic vegetables.
s-236 I went strawberry hunting in the forest.
s-237 They sell fresh fruit at the supermarket.
s-238 Would you like something to eat? We have bean salad and sandwiches.
s-239 Have a bowl of her tomato soup. It's delicious.
s-240 She baked a peach pie.
s-241 He cut the chocolate cake with a knife.
s-242 I like drinking cold tea.
s-243 They use plastic trays in the cafeteria.
s-244 Please finish eating everything on your plate.

§20 買い物・衣服 p. 100

s-245 "I want to give her a present."
"That's a good idea."
s-246 She was in a lovely dress.
s-247 "May I help you?"
"Yes, I'm looking for a coat."
s-248 This is too expensive. Do you have a cheaper one?
s-249 Please show me another style.
s-250 This skirt has a wonderful shape.
s-251 "This is your size and the price is very low."
"Perfect. I'll take it."
s-252 Here's your change.
s-253 I'll wrap the gift in a moment.
s-254 I could not buy the wine simply because I had no money with me.

§21 感情・感覚 p. 106

s-255 What's up? You look sad.
s-256 What's wrong? Are you sleepy?
s-257 I feel unhappy for no clear reason.

s-258 This cookie tastes sweet.

s-259 I enjoy drawing pictures of fireworks in my free time.

s-260 She finally stopped crying.

s-261 He was excited about going to the zoo.

s-262 He'll get angry if you break the vase.

s-263 I'm glad to hear your voice.

s-264 I was surprised to see that new machine.

s-265 "Thank you for sending me your photos."
"My pleasure."

s-266 I always try to be kind to other people.

s-267 I'm interested in Japanese dolls.

s-268 People respect him for being honest.

s-269 The priest believes that all temples are sacred.

s-270 They keep silent in class.

s-271 The rock looks like a human face.

s-272 Don't laugh at a person in trouble.

§22 比較 p. 111

s-273 He is as tall as I.

s-274 He is taller than I.

s-275 The animal is as heavy as an elephant.

s-276 I like skiing better than skating.

s-277 The Pacific Ocean is larger than the Atlantic Ocean.

s-278 Light travels faster than sound.

s-279 We must learn more about global warming.

s-280 The environment is getting worse.

s-281 Lake Biwa is larger than any other lake in Japan.

s-282 What is the most important message in the book?

s-283 Whales are one of the largest animals.

s-284 The best way to learn a lot is to learn for yourself.

s-285 They say the worst earthquake occurred in 1556.

s-286 I prefer peace to war.

§23 数量 p. 115

s-287 Now check the graph below.

s-288 Let's compare the figures in the table.

s-289 He is six feet and one inch tall.

s-290 Most of us enter university at the age of 18 or 19.

s-291 He ran the whole course of a hundred kilometers.

s-292 My normal temperature is 36.5 degrees Celsius.

s-293 It is a quarter past seven. You have half an hour.

§24 生物 p. 119

s-294 There are many kinds of living things in the pond.

s-295 Owls are famous for flying quietly.

s-296 A penguin appeared on the ice.

s-297 Look! The last leaf is falling.

s-298 Alice followed the rabbit.

s-299 A vet takes care of sick animals.

s-300 There are many endangered species because of pollution.

s-301 For example, many types of turtles are now in danger.

s-302 The dinosaurs suddenly disappeared about 65 million years ago.

s-303 All animals can communicate with each other.

s-304 The field is full of grass.

s-305 I will dig a hole and bury the dead bird deep in the ground.

§25 地理・歴史・社会 p. 123

s-306 There are seven billion people on the planet.

s-307 A huge stadium will be built near the city hall.

s-308 Our country is located in East Asia.

s-309 The islands can be seen from space.

s-310 They are fighting over the empty land.

s-311 Many of the babies died a short time after birth.

s-312 Our ancestors were different from us.

s-313 The bomb exploded and killed many soldiers.

§26　食事　[単語 No. 1036～1091／例文 s-314～330]

学習日　　.　　.

No.	単語と発音	品詞と主な意味	書きこみ①	書きこみ②	書きこみ③
1036 □	**Shall I [we] ～?** [ʃǽl] シャル	～しましょうか？； （いっしょに）～しませんか？			
1037 □	**menu** [ménjuː] メニュー	名 メニュー			
1038 □	**order** [ɔ́ːrdər] オーダ	名 ①注文　②命令 動 ～と命じる，言いつける			
1039 □	**I'll have A.**	A をいただきます。			
1040 □	**steak** [stéik] ステイク	名 ステーキ			
1041 □	**beer** [bíər] ビア	名 ビール			
1042 □	**All right.**	わかりました，よろしい，オーケー			
1043 □	**anything** [éniθìŋ] エニスィング	名 何か			
1044 □	**else** [éls] エルス	副 他に，その他			
1045 □	**That's all.**	それだけです，それで全部です。			
1046 □	**dessert** [dizə́ːrt] ディザート	名 デザート			
1047 □	**No, thank you.**	いいえ，結構です。			
1048 □	**full** [fúl] フル	形 ①満腹している ②いっぱいの，満ちた			
1049 □	**pass** [pǽs] パス	動 ①～を手渡す，回す ②〈時などが〉過ぎ去る，たつ			

1050 ☐	**salt** [sɔ́:lt] ソールト	名 塩			
1051 ☐	**corn** [kɔ́:rn] コーン	名 トウモロコシ，コーン			
1052 ☐	**lemon** [lémən] レモン	名 レモン			
1053 ☐	**juice** [dʒú:s] ヂュース	名 ジュース			
1054 ☐	**fridge** [frídʒ] フリヂ	名 冷蔵庫			
1055 ☐	**How do you like A?**	A はどのように料理するのが好きですか？			
1056 ☐	**fry** [frái] フライ	動（肉などをフライパンで）焼く，いためる，油で揚げる			
1057 ☐	**boil** [bɔ́il] ボイル	動 ～を沸かす，ゆでる，煮る；沸騰する			
1058 ☐	**difference** [dífərəns] ディファレンス	名 違い，相違（点），差			
1059 ☐	**scramble** [skrǽmbl] スクランブル	動 ～をかきまぜる			
1060 ☐	**omelet** [ámələt] アメレト	名 オムレツ			
1061 ☐	**spaghetti** [spəgéti] スパゲティ	名 スパゲッティー			
1062 ☐	**sausage** [sɔ́(:)sidʒ] ソ(ー)スイヂ	名 ソーセージ			
1063 ☐	**smell** [smél] スメル	動 C のにおいがする 名 におい，**香り**			
1064 ☐	**help yourself**	自由にとって食べて［飲んで］ください			
1065 ☐	**flavor** [fléivər] フレイヴァ	名 味，風味，香り			

1066 □	**dish** [díʃ] ディシュ	名 ①（皿に盛った）料理 ②大皿 ③食器類			
1067 □	**also** [ɔ́:lsou] オールソウ	副 ～もまた，また			
1068 □	**keep A from Ving**	A が V しないようにする，A に V させないでおく			
1069 □	**go bad**	腐る			
1070 □	**bamboo** [bæmbú:] バンブー	名 竹			
1071 □	**chopstick** [tʃápstìk] チャプスティク	名 箸			
1072 □	**meal** [mí:l] ミール	名 食事			
1073 □	**add** [ǽd] アド	動 ～を加える，足す			
1074 □	**drop** [dráp] ドラプ	名 しずく，1滴 動 ～を落とす；落ちる			
1075 □	**sauce** [sɔ́:s] ソース	名 ソース			
1076 □	**be made from A**	A〈原料〉でできている			
1077 □	**soybean** [sɔ́ibì:n] ソイビーン	名 大豆			
1078 □	**chef** [ʃéf] シェフ	名 料理長，シェフ，料理をする人			
1079 □	**ready** [rédi] ゥレディ	形〈人・物が〉用意［準備］ができている			
1080 □	**serve** [sə́:rv] サーヴ	動〈飲食物〉を出す 名（テニスなどの）サーブ			
1081 □	**well-balanced** [wélbǽlənst] ウェルバランスト	形 バランスの取れた，健康に良い			
1082 □	**diet** [dáiət] ダイエト	名 ①食事 ②ダイエット，食餌制限			

1083 ☐	**recipe** [résəpi] ゥレスィピ	名 レシピ，調理法；秘訣			
1084 ☐	**grill** [gríl] グリル	動〈肉など〉を網焼きにする， ～をバーベキューにする			
1085 ☐	**include** [inklúːd] インクルード	動 ～を含む，含んでいる			
1086 ☐	**honey** [hʌ́ni] ハニ	名 ①ハチミツ ②愛しいあなた			
1087 ☐	**garlic** [gɑ́ːrlik] ガーリク	名 ニンニク			
1088 ☐	**hate** [héit] ヘイト	動 ～をひどく嫌う 名 憎悪，嫌悪			
1089 ☐	**just** [dʒʌ́st] チャスト	副 ①ちょっと，ただ ②ちょうど			
1090 ☐	**mix** [míks] ミクス	動 ～を混ぜる；混じる			
1091 ☐	**nut** [nʌ́t] ナト	名 木の実，ナッツ			

§26　食事　[単語 No. 1036～1091／例文 s-314～330]

学習日 ____ . ____ . ____

日本語の意味になるように，キー・センテンスの空所に単語を入れましょう。

s-314 「メニューをお持ちしましょうか？」「はい，お願いします」

□ “______ ___ bring the ______?” “Yes, please.”

s-315 「注文をうかがいましょうか？」「はい，ステーキとビールをいただきます」

□ “Can I take your ______?”

“Yes, ____ ______ a ______ and a ______.”

s-316 「わかりました。他に何かいりますか？」「それだけです」

□ “____ ______. __________ ______?”

“______ ____.”

s-317 「デザートはいかがですか？」「いいえ，結構です。お腹がいっぱいです」

□ “Would you like ________?”

“___, ______ ____. I'm ____.”

s-318 「塩を回してくれますか？」「うん」

□ “Will you ______ me the ______?” “Sure.”

s-319 冷蔵庫にトウモロコシと牛乳とレモンジュースがある。

□ We have ______, milk, and ______ ______ in the ______.

s-320 焼くかゆでるか，卵をどう料理するのが好きですか？

☐ ______ ___ _____ _____ your eggs, ______ or ________?

s-321 スクランブルエッグとオムレツの違いは何ですか？

☐ What is the ______________ between _____________ eggs and an _________?

s-322 「あのスパゲッティー・ソーセージはいいにおいがする」「自由にとってください」

☐ “That _____________-and-___________ ________s good.”

“Please ______ ___________.”

s-323 わさびは料理に味わいを与え，また腐らないようにもする。

☐ Wasabi gives ________ to the _____ and _____ _______s it ______ _______ _____.

s-324 彼らは食事のたびに竹の箸を使う。

☐ They use __________ ______________s at every ______.

s-325 彼女は料理に数滴の油を加えた。

☐ She ________ a few _______s of oil to the dish.

s-326 しょうゆは大豆でできている。

☐ Soy _______ __ _______ ______ ___________s.

s-327 料理長は夕食を出す用意ができている。

☐ The _____ is _______ to _______ dinner.

s-328 あなたはバランスの取れた食事を食べるべきだ。

☐ You should eat a ______________ ______.

s-329 グリルで焼いたチキンのレシピにはハチミツとニンニクが含まれている。

☐ The ________ for _________ chicken __________s ________ and _______.

s-330 私はハンバーガーが嫌いだ。ちょっとミックス・ナッツを食べよう。

☐ I ______ hamburgers. I'll _____ have some _______ _____s.

§27 移動・地理 [単語 No. 1092 ~ 1170 ／例文 s-331 ~ 352]

学習日 . .

No.	単語と発音	品詞と主な意味	書きこみ①	書きこみ②	書きこみ③
1092 □	**Singapore** [síŋgəpɔ̀ːr] スィンガポー	名 シンガポール			
1093 □	**Southeast Asia** [sàuθíːst] サウスィースト	東南アジア			
1094 □	**Indonesia** [ìndəníːʒə] インドニージャ	名 インドネシア			
1095 □	**Thailand** [táilænd] タイランド	名 タイ			
1096 □	**Hawaii** [həwáiiː] ハワイイー	名 ハワイ			
1097 □	**the Philippines** [fíləpìːnz] フィリピーンズ	フィリピン			
1098 □	**Russia** [rʌ́ʃə] ウラシャ	名 ロシア			
1099 □	**the United States** [junáitid stéits] ユナイティド ステイツ	アメリカ合衆国			
1100 □	**Brazil** [brəzíl] ブラズィル	名 ブラジル			
1101 □	**have** [həv] ハヴ	助 V してきた， V したことがある			
1102 □	**nation** [néiʃən] ネイション	名 国			
1103 □	**since** [síns] スィンス	接 前 ~以来（ずっと）			
1104 □	**marry** [méri] メリ	動〈人〉と結婚する			
1105 □	**let's see.**	ええと，そうですね			

1106	**over** [óuvər] オウヴァ	前 ～以上（の） 副 越えて，おおって			
1107	**surprising** [sərpráiziŋ] サプライズィング	形〈人を〉驚かすような， 驚くべき			
1108	**fact** [fǽkt] ファクト	名 事実			
1109	**have been to A**	Aに行ったことがある			
1110	**ever** [évər] エヴァ	副 これまで，今まで，かつて			
1111	**yet** [jét] イェト	副 ①まだ（～しない） ②もう，すでに			
1112	**president** [prézədənt] プレズィデント	名 大統領；社長			
1113	**unite** [junáit] ユナイト	動 ～を結合する，合体する			
1114	**already** [ɔːlrédi] オールレディ	副 すでに，もう			
1115	**arrive** [əráiv] アライヴ	動 到着する，着く			
1116	**group** [grúːp] グループ	名 グループ，集団			
1117	**camp** [kǽmp] キャンプ	動 キャンプする，野営する 名 キャンプ場			
1118	**waterfall** [wɔ́ːtərfɔ̀ːl] ウォータフォール	名 滝			
1119	**factory** [fǽktəri] ファクタリ	名 工場			
1120	**several** [sévərəl] セヴァラル	形 いくつかの			
1121	**mile** [máil] マイル	名 マイル			
1122	**pass** [pǽs] パス	動 ①〈時などが〉過ぎ去る，たつ ②～を手渡す，回す			

1123	**go away**	立ち去る，（旅行などで）家をあける			
1124	**gather** [gǽðər] ギャザ	動 集まる；〈情報・食料など〉を集める			
1125	**in front of A**	A の正面に，前に			
1126	**entrance** [éntrəns] エントランス	名 入口			
1127	**hall** [hɔ́ːl] ホール	名 ①会館，ホール ②玄関，廊下			
1128	**cross** [krɔ́(ː)s] クロ(ー)ス	動 ～を横切る，横断する，渡る 名 十字架			
1129	**side** [sáid] サイド	名 側面，面			
1130	**purpose** [pə́ːrpəs] パーポス	名 目的，意図			
1131	**sightseeing** [sáitsìːiŋ] サイトスィーイング	名 観光			
1132	**Can you tell me the way to A?**	A に行く道を教えていただけますか？			
1133	**bank** [bǽŋk] バンク	名 ①銀行 ②（川などの）土手			
1134	**well** [wél] ウェル	間 ええと，そうですね 副 上手に，よく 形 健康な			
1135	**turn** [tə́ːrn] ターン	動 曲がる，向く 名 順番			
1136	**left** [léft] レフト	副 左へ，左の方に 形 左の 名 左			
1137	**corner** [kɔ́ːrnər] コーナ	名 角，曲がり角			
1138	**and** [ənd] アンド	接 ①そうすれば ②そして，…と			
1139	**right** [ráit] ゥライト	名 ①右 ②正しいこと ③権利 形 正しい 副 正しく			

1140 □	**I see.**	わかりました。			
1141 □	**around here**	このあたりに［で］			
1142 □	**yeah** [jéə] イェア	間 うん，そう，そうだね			
1143 □	**straight** [stréit] ストレイト	副 まっすぐに 形 まっすぐな，**一直線の**			
1144 □	**traffic** [trǽfik] トラフィク	名 通行，交通（量）			
1145 □	**It takes〈時間〉to V**	V するのに〈時間〉がかかる			
1146 □	**stranger** [stréindʒər] ストレインヂャ	名 ①不案内な人，不慣れな人 **②見知らぬ人，よそから来た人**			
1147 □	**myself** [maisélf] マイセルフ	代 自分自身			
1148 □	**Thank you anyway.** [θǽŋk] サンク	とにかくありがとう。			
1149 □	**afraid** [əfréid] アフレイド	形 こわがる，恐れる			
1150 □	**by oneself** [wʌnsélf] ワンセルフ	ひとりで			
1151 □	**get lost** [lɔ́(ː)st] ロ（ー）スト	道に迷う			
1152 □	**on one's way (to A)**	（A への）途中で［に］			
1153 □	**castle** [kǽsl] キャスル	名 城			
1154 □	**above** [əbʌ́v] アバヴ	前 ～の上に［へ］ 副 上に			
1155 □	**level** [lévl] レヴル	名 水準，レベル			
1156 □	**for a long time**	長い間			

1157 □	**as** [əz] アズ	前 ～として 接 ～するように			
1158 □	**guide** [gáid] ガイド	名 ガイド，案内人；案内書 動 ～を案内する			
1159 □	**prefecture** [príːfektʃər] プリーフェクチャ	名（日本の）県			
1160 □	**direct** [dərékt] ディレクト	形 直接の 動 監督する，演出する			
1161 □	**flight** [fláit] フライト	名 飛行，航空便，フライト			
1162 □	**wave** [wéiv] ウェイヴ	名 波 動〈手〉を振る，～を振り回す			
1163 □	**approach** [əpróutʃ] アプロウチ	動（～に）近づく，接近する			
1164 □	**go down**	（近くに）行く，（道を）行く，下る；降りる			
1165 □	**convenience** [kənvíːniəns] コンヴィーニエンス	名 便利，好都合			
1166 □	**alone** [əlóun] アロウン	副 ひとりで			
1167 □	**area** [éəriə] エアリア	名 地域，地方			
1168 □	**safe** [séif] セイフ	形 安全な			
1169 □	**in fact**	実は，実際は			
1170 □	**dangerous** [déindʒərəs] デインヂャラス	形 危険な，あぶない			

§27 移動・地理 [単語 No. 1092 ～ 1170 ／例文 s-331 ～ 352]

学習日 ＿＿ . ＿＿ .

日本語の意味になるように，キー・センテンスの空所に単語を入れましょう。

s-331 シンガポールは東南アジアに位置する。

□ ＿＿＿ is located in ＿＿＿ ＿＿＿.

s-332 私は結婚して以来その国に住んできた。

□ I ＿＿＿ lived in the ＿＿＿ ＿＿＿ I got ＿＿＿.

s-333 「ハワイに来てどれくらいになりますか？」「ふーむ，そうですね…10週間以上になります」

□ "How long have you been in ＿＿＿?"

"Hmm, ＿＿＿ ＿＿＿ ... for ＿＿＿ ten weeks."

s-334 ブラジルについて驚くべき事実を見つけた。

□ I found a ＿＿＿ ＿＿＿ about ＿＿＿.

s-335 「これまでにタイに行ったことはありますか？」「いいえ，まだありません」

□ "＿＿＿ you ＿＿＿ ＿＿＿ ＿＿＿ ＿＿＿?" "No, not ＿＿＿."

s-336 合衆国大統領はすでにロシアに到着している。

□ The ＿＿＿ of ＿＿＿ ＿＿＿ ＿＿＿ has ＿＿＿ ＿＿＿ in ＿＿＿.

s-337 5人のグループがフィリピンの滝の近くへキャンプしに行った。

□ A ＿＿＿ of five people went ＿＿＿ near a ＿＿＿ in ＿＿＿ ＿＿＿.

s-338 ☐ ここから数マイル離れたところに工場がある。

There is a ______ ______ ______s away from here.

s-339 ☐ 彼が立ち去ってから３ヵ月たつ。

Three months have ______ed since he ______ ______.

s-340 ☐ 私たちはホールの入口の正面に集まった。

We ______ __ ______ __ the ______ of the ____.

s-341 ☐ 私たちは道を渡って向こう側に行った。

We ______ to the other ____ of the street.

s-342 ☐ 「訪問の目的は何ですか？」「観光です」

“What is the ______ of your visit?” “______.”

s-343 ☐ 「すみません。一番近くの銀行へ行く道を教えていただけますか？」
「ええと，２つめの角を左に曲がりなさい。そうすると，右側に見えます」
「わかりました。ありがとう」

“Excuse me. ____ ____ ____ ____ ____ ____ __ the nearest ____?”
“____, ____ ____ at the second ______ ____ you’ll see it on your ____.”
“_ ____. Thanks.”

s-344 ☐ 「すみません。このあたりにホテルはありますか？」
「ええ。この道をまっすぐに行って２つめの信号を左に曲がりなさい」

“Excuse me. Is there a hotel ______ ____?”
“____. Go ______ along the street and turn left at the second ______ light.”

s-345 □ 「駅に行くのにどれくらい時間がかかりますか？」
「すみません，私自身もこのあたりは不案内なんです」
「わかりました。とにかくありがとう」

"How long does ___ _____ ___ get to the station?"

"Sorry, I'm a _________ here ________."

"Okay. ________ ______ _________."

s-346 □ 私はこわくてひとりで旅行できない。学校に行く途中で迷うこともしばしばだ。

I am ________ to travel ___ ________. I often ____ _____ ___ ___ _____ ___ school.

s-347 □ その城は海抜 800 メートルにある。

The ________ is 800 meters ________ sea ______.

s-348 □ 彼は長い間奈良県で観光ガイドとして働いた。

He worked ___ __ ______ ______ ___ a tour _______ in Nara _____________.

s-349 □ 私はパリ直行便に乗った。

I took a ________ _______ to Paris.

s-350 □ 大きな波が私に近づいてきた。

A big ______ was _______________ me.

s-351 □ 彼はひとりでコンビニへ行った。

He ______ ______ to the _______________ store ________.

s-352 □ この地域は安全ではない。実は，とても危険だ。

This ______ is not _____. ___ _____, it is very ____________.

§28 感情・感覚 [単語 No. 1171 ～ 1212／例文 s-353 ～ 365]

学習日 ・ ・

No.	単語と発音	品詞と主な意味	書きこみ①	書きこみ②	書きこみ③
1171 □	**nervous** [nə́ːrvəs] ナーヴァス	形 ①不安な，緊張して，神経質な ②神経の			
1172 □	**test** [tést] テスト	名 試験，テスト 動 ～を試す，試験する			
1173 □	**laughter** [lǽftər] ラフタ	名 笑い			
1174 □	**make** [méik] メイク	動 ① O を C にする ②～を作る			
1175 □	**want A to V**	A に V してほしい，させたい			
1176 □	**courage** [kə́ːridʒ] カーリヂ	名 勇気			
1177 □	**truth** [trúːθ] トルース	名 真実，真理			
1178 □	**wife** [wáif] ワイフ	名 妻，奥さん，夫人			
1179 □	**keep Ving**	（ずっと）～し続ける			
1180 □	**encourage** [enkə́ːridʒ] エンカーリヂ	動 ～を励ます			
1181 □	**joke** [dʒóuk] ヂョウク	名 冗談 動 冗談を言う			
1182 □	**may** [méi] メイ	助 ①～かもしれない ②～してもよい			
1183 □	**funny** [fʌ́ni] ファニ	形 おもしろい，おかしい；奇妙な			
1184 □	**some ～ others …**	～〈人・物〉もあれば，…〈人・物〉もある			

No.	単語	意味			
1185 □	**strange** [stréindʒ] ストレインヂ	形 変な，奇妙な，不思議な，未知の			
1186 □	**feeling** [fí:liŋ] フィーリング	名 感じ，感覚，感情			
1187 □	**visitor** [vízətər] ヴィズィタ	名 訪問客，観光客，見学者			
1188 □	**kid** [kíd] キド	名 子ども			
1189 □	**ask** [ǽsk] アスク	動 ①〈人〉に頼む ②〈人〉にたずねる			
1190 □	**mom** [mám] マム	名 ママ，お母さん			
1191 □	**toy** [tɔ́i] トイ	名 おもちゃ			
1192 □	**not A but B**	A でなくて B			
1193 □	**cute** [kjú:t] キュート	形 かわいい			
1194 □	**at first**	初めのうちは			
1195 □	**lucky** [lʌ́ki] ラキ	形 幸運な，運がいい			
1196 □	**actually** [ǽktʃuəli] アクチュアリ	副 （予想と違って）実際は，現実に			
1197 □	**fishing** [fíʃiŋ] フィシング	名 釣り，漁業			
1198 □	**relax** [rilǽks] ゥリラクス	動 ～をくつろがせる；くつろぐ，リラックスする			
1199 □	**close** [klóus] クロウス	形 副 接近した，親しい 動 ～を閉める，閉まる			
1200 □	**nature** [néitʃər] ネイチャ	名 自然			
1201 □	**seem** [sí:m] スィーム	動 ① V するように思われる ②～のように思える			

1202 □	**situation** [sìtʃuéiʃən] スィチュエイション	名 状況			
1203 □	**serious** [síəriəs] スィアリアス	形 深刻な，重大な；まじめな			
1204 □	**round** [ráund] ゥラウンド	形 丸い			
1205 □	**fill** [fíl] フィル	動 ～を満たす			
1206 □	**tear** [tíər] ティア	名 涙			
1207 □	**handkerchief** [hǽŋkərtʃif] ハンカチフ	名 ハンカチ			
1208 □	**pocket** [pákət] パケト	名 ポケット			
1209 □	**still** [stíl] スティル	副 ①今でも，今なお ②まだ，それでも			
1210 □	**refuse** [rifjúːz] ゥリフューズ	動 断る，拒否する，拒絶する			
1211 □	**accept** [əksépt] アクセプト	動 ～を受け入れる			
1212 □	**death** [déθ] デス	名 死			

§28 感情・感覚 [単語 No. 1171 ～ 1212 ／例文 s-353 ～ 365]

学習日　　・　・

日本語の意味になるように，キー・センテンスの空所に単語を入れましょう。

s-353 私はテストのことでちょっと不安だ。

☐ I'm just ＿＿＿＿ about the ＿＿＿.

s-354 笑いは人を幸せにする。

☐ ＿＿＿＿ ＿＿＿s people happy.

s-355 私は君に真実を語る勇気を持ってほしい。

☐ I just ＿＿＿ you ＿＿ have the ＿＿＿＿ to tell the ＿＿＿.

s-356 彼の妻は彼がもう一度試すように励まし続けた。

☐ His ＿＿＿ ＿＿＿ ＿＿＿＿＿＿ him to try again.

s-357 この冗談がおもしろいと思う人もいるかもしれないが，おもしろくないと思う人もいる。

☐ This ＿＿＿ ＿＿＿ be ＿＿＿＿ to ＿＿＿＿ but to ＿＿＿＿ it isn't.

s-358 その訪問客は奇妙な感じがした。

☐ I had a ＿＿＿＿ ＿＿＿＿ about the ＿＿＿＿.

s-359 子どもはお母さんに新しいおもちゃを買ってくれと頼んだ。

☐ The ＿＿ ＿＿＿＿ his ＿＿＿ to buy him a new ＿＿.

s-360 彼女は美しくはないが，かわいい。

☐ She is ____ beautiful ____ ____.

s-361 最初のうちは運がいいのだろうと思った。しかし，実は違った。

☐ ___ ____, I thought I was going to be ____, but ________ I wasn't.

s-362 釣りに行くとき，私はくつろいで自然に親しんでいる気がする。

☐ When I go ________, I feel ________ and ______ to ______.

s-363 状況は深刻だと彼女は理解しているようだった。

☐ She ________ to understand that the ________ was ______.

s-364 彼女の丸い目は涙でいっぱいだった。彼女はポケットからハンカチを取り出した。

☐ Her ______ eyes were _____ with _____s. She took a ____________ from her ______.

s-365 彼女は今でも彼の死を受け入れるのを拒否している。

☐ She ____ ______s to ______ his ____.

§29 環境・自然・生物 [単語 No. 1213～1248／例文 s-366～376]

学習日 ・ ・

No.	単語と発音	品詞と主な意味	書きこみ①	書きこみ②	書きこみ③
1213 □	**necessary** [nésəsèri] ネセセリ	形 必要な			
1214 □	**action** [ǽkʃən] アクション	名 行動，活動			
1215 □	**preserve** [prizə́ːrv] プリザーヴ	動 ～を保護する，保つ，守る，保持する			
1216 □	**for A to V**	A が V すること			
1217 □	**protect** [prətékt] プロテクト	動 ～を保護する，守る			
1218 □	**heritage** [hérətidʒ] ヘリティヂ	名 遺産			
1219 □	**site** [sáit] サイト	名 ①地域，用地，敷地，場所 ②（インターネットの）サイト			
1220 □	**impossible** [impɑ́səbl] インパスイブル	形 不可能な			
1221 □	**plant** [plǽnt] プラント	名 植物，草木 動 ～を植える			
1222 □	**desert** [dézərt] デザト	名 砂漠			
1223 □	**burn** [bə́ːrn] バーン	動 ～を燃やす，焼く；燃える			
1224 □	**rain forest** [réin fɑ̀rəst] ウレイン ファレスト	（熱帯）雨林			
1225 □	**crop** [krɑ́p] クラプ	名 農作物，収穫物			
1226 □	**how to V**	どのように V するか， V する方法			

1227 □	**recycle** [rìːsáikl] ゥリーサイクル	動〈廃品など〉を再生利用する，リサイクルする			
1228 □	**garbage** [gáːrbidʒ] ガービヂ	名 生ゴミ，くず			
1229 □	**reduce** [rid(j)úːs] ゥリドゥース	動 ～を小さくする，下げる，減らす			
1230 □	**amount** [əmáunt] アマウント	名 量			
1231 □	**waste** [wéist] ウェイスト	名 廃棄物；むだ（づかい），浪費 動 **～を浪費する**			
1232 □	**as ... as ～ can**	できるだけ…			
1233 □	**panel** [pǽnl] パヌル	名 パネル，（平らで長方形の）板			
1234 □	**collect** [kəlékt] コレクト	動 ～を集める，収集する			
1235 □	**solar** [sóulər] ソウラ	形 太陽の			
1236 □	**shoot** [ʃúːt] シュート	動 ①～を撃つ，射撃する **②シュートする**			
1237 □	**wild** [wáild] ワイルド	形 野生の，荒れた；野蛮な，未開の			
1238 □	**deer** [díər] ディア	名 鹿			
1239 □	**valley** [vǽli] ヴァリ	名 谷，低地			
1240 □	**find** [fáind] ファインド	動 ①～とわかる，～と思う **②～を見つける**			
1241 □	**queen** [kwíːn] クウィーン	名 女王			
1242 □	**bee** [bíː] ビー	名 ハチ，ミツバチ			
1243 □	**lay** [léi] レイ	動 ①〈卵〉を産む **②～を置く，横たえる**			

1244 □	**pigeon** [pídʒən] ピヂョン	名 ハト			
1245 □	**distance** [dístəns] ディスタンス	名 距離			
1246 □	**lie** [lái] ライ	動 ①横たわる　**②うそをつく** 名 **うそ**			
1247 □	**roof** [rú:f] ゥルーフ	名 屋根			
1248 □	**shrine** [ʃráin] シュライン	名（日本の）神社； 聖堂，礼拝堂			

§29 環境・自然・生物 [単語 No. 1213～1248／例文 s-366～376]

学習日 . .

日本語の意味になるように，キー・センテンスの空所に単語を入れましょう。

s-366 自然を保護するために行動を起こす必要がある。

☐ It is ______ to take ______ to ______ nature.

s-367 私たちが世界遺産地域を守ることが重要だ。

☐ It is important ___ us ___ ______ World ______ ______s.

s-368 彼が砂漠で植物を育てることは不可能だった。

☐ It was ______ for him to grow ______s in the ______.

s-369 作物を植えたいので，人々は雨林を燃やしている。

☐ People are ______ down the ____ ______s because they want to plant ______s.

s-370 どうやって生ゴミを再生利用するのか私は知らなかった。

☐ I didn’t know ____ ___ ______ ______.

s-371 私たちはできるだけ廃棄物の量を減らす必要がある。

☐ We have to ______ the ______ of ______ ___ much ___ we ____.

s-372 そのパネルは太陽エネルギーを集める。

☐ The ______s ______ ______ energy.

s-373 その谷で野生の鹿を撃つことはできません。

☐ You can't ______ a ______ ______ in the ______.

s-374 女王蜂だけが卵を産むとわかった。

☐ I ______ that only ______ ______s ______ eggs.

s-375 長距離を飛べるハトもいる。

☐ Some ______s can fly long ______s.

s-376 私の猫は神社の屋根の上で寝転んでいた。

☐ My cat was ______ on the ______ of the ______.

§30 生活 [単語 No. 1249 ～ 1284 ／例文 s-377 ～ 387]

学習日 . .

No.	単語と発音	品詞と主な意味	書きこみ①	書きこみ②	書きこみ③
1249 □	**wake** [wéik] ウェイク	動 ～を起こす；目を覚ます			
1250 □	**husband** [hʌ́zbənd] ハズバンド	名 夫			
1251 □	**while** [wáil] ワイル	接 ～している間に			
1252 □	**fix** [fíks] フィクス	動 ①～を修理する ②～を固定する			
1253 □	**broken** [bróukn] ブロウクン	形 壊れた，割れた			
1254 □	**shout** [ʃáut] シャウト	動 叫ぶ，大声をだす，どなる			
1255 □	**ouch** [áutʃ] アウチ	間 痛い，あいた，熱い，いやだ			
1256 □	**ride** [ráid] ゥライド	動〈自転車・馬など〉に乗る，乗って行く			
1257 □	**run over A**	〈車などが〉A をひく，A を走って越える			
1258 □	**bench** [béntʃ] ベンチ	名 ベンチ，長いす			
1259 □	**cover** [kʌ́vər] カヴァ	動（～を）おおう 名 おおい，カバー			
1260 □	**design** [dizáin] ディザイン	動 ～を設計する			
1261 □	**architect** [ɑ́ːrkətèkt] アーキテクト	名 建築家			
1262 □	**name** [néim] ネイム	動 ～を名づける 名 名前			

1263 □	**sofa** [sóufə] ソウファ	名 ソファー			
1264 □	**comfortable** [kʌ́mfərtəbl] カムファタブル	形 快適な，心地よい			
1265 □	**piece** [píːs] ピース	名 断片，かけら			
1266 □	**furniture** [fə́ːrnitʃər] ファーニチャ	名 家具			
1267 □	**carry** [kǽri] キャリ	動 ～を運ぶ，持っていく			
1268 □	**light** [láit] ライト	形 軽い；明るい 名 光，明かり			
1269 □	**lunch box** [lʌ́ntʃ bàks] ランチ バクス	弁当箱			
1270 □	**be made of A**	A〈材料〉でできている			
1271 □	**wood** [wúd] ウド	名 ①（材料としての）木，木材 ②森，林			
1272 □	**wonder** [wʌ́ndər] ワンダ	動 ～かと（疑問に）思う			
1273 □	**inside** [insáid] インサイド	前 ～の中に［へ］ 名 形 副 中（の，に），内側（の，に）			
1274 □	**pot** [pát] パト	名 つぼ；なべ			
1275 □	**realize** [ríːəlàiz] ウリーアライズ	動 ①～に気づく，～をさとる ②～を実現する			
1276 □	**importance** [impɔ́ːrtəns] インポータンス	名 重要性，大切さ			
1277 □	**communication** [kəmjùːnəkéiʃən] コミューニケイション	名 情報の伝達，意思疎通，通信			
1278 □	**daily** [déili] デイリ	形 毎日の，日々の			

1279 □	**spend** [spénd] スペンド	動〈時間・お金〉を費やす，使う，かける			
1280 □	**less** [lés] レス	形 より少ない 副 より少なく			
1281 □	**save** [séiv] セイヴ	動 ①〜を蓄える，節約する ②〜を救う，助ける，守る			
1282 □	**notice** [nóutəs] ノウティス	動 〜に気づく，〜とわかる			
1283 □	**sign** [sáin] サイン	名 標識，記号，サイン，表れ，しるし			
1284 □	**wall** [wɔ́:l] ウォール	名 壁，へい			

§30 生活 [単語 No. 1249 ~ 1284 ／例文 s-377 ~ 387]

学習日 　.　.

日本語の意味になるように，キー・センテンスの空所に単語を入れましょう。

s-377 彼女は寝ている夫を起こそうとした。

☐ She tried to ______ up her sleeping ______.

s-378 割れた窓を直しているときに，彼はけがをして「痛い！」と叫んだ。

☐ ______ he was ______ the ______ window, he hurt himself and ______, "______!"

s-379 自転車に乗っていた男がバスにひかれた。

☐ A man ______ a bike was ______ ______ by a bus.

s-380 雪におおわれたベンチに彼女は座った。

☐ She sat on a ______ ______ with snow.

s-381 このホテルはフランク・ロイド・ライトという名前の有名な建築家によって設計された。

☐ This hotel was ______ by a famous ______ ______ Frank Lloyd Wright.

s-382 このソファーは最も快適な家具のひとつだ。

☐ This ______ is one of our most ______ ______s of ______.

s-383 私はいつも木製の軽い弁当箱を持っていく。

☐ I always ______ a ______ ______ ______ ______ ______ ______.

s-384 つぼの中に何があるのだろうか。

☐ I ________ what is ________ the ____.

s-385 私は日常生活における意思疎通の重要性に気づいた。

☐ I ________ the ____________ of ________________ in our ______ life.

s-386 費やすお金をより少なくし，より多くを蓄えるのはかんたんではない。

☐ It is not easy to _______ _____ money and _____ more.

s-387 「危険！」と書かれた壁の標識に気づいた。

☐ I ________ a _____ on the _____ saying “DANGER!”

§31　日常会話　[単語 No. 1285～1318／例文 s-388～399]

学習日　　・　・

No.	単語と発音	品詞と主な意味	書きこみ①	書きこみ②	書きこみ③
1285 □	**Would you V ... ?**	V してくださいませんか？			
1286 □	**What can I do for you?**	何をしましょうか？； 私にできることなら何なりと			
1287 □	**exchange** [ikstʃéindʒ] イクスチェインヂ	動 ～を交換する，両替する			
1288 □	**pound** [páund] パウンド	名 ポンド			
1289 □	**note** [nóut] ノウト	名 ①紙幣，札　②メモ 動 ～を書き留める			
1290 □	**coin** [kɔ́in] コイン	名 硬貨，コイン			
1291 □	**ask〈人〉for A**	〈人〉に A を求める，頼む			
1292 □	**advice** [ədváis] アドヴァイス	名 助言，アドバイス			
1293 □	**sure** [ʃúər] シュア	形 確信している，信じている 副 いいとも，その通り			
1294 □	**I think so.**	私はそう思います。			
1295 □	**look forward to A [Ving]**	A［V すること］を楽しみに待つ			
1296 □	**forward** [fɔ́ːrwərd] フォーワド	副 前へ［に］，前方に			
1297 □	**matter** [mǽtər] マタ	名 ①困ったこと，故障　②物質 動 重要である			
1298 □	**headache** [hédèik] ヘデイク	名 頭痛			

1299	**fever** [fíːvər] フィーヴァ	名 熱，発熱			
1300	**That's too bad.**	それはいけませんね；お気の毒に；残念です			
1301	**hey** [héi] ヘイ	間 やあ，おい			
1302	**Why don't you ～?**	～したらどうですか？；～しませんか？			
1303	**I'd love to.**	喜んで。			
1304	**That's very kind of you.**	ご親切にありがとう。			
1305	**Why don't we ～?**	～しませんか？			
1306	**break** [bréik] ブレイク	名 休憩 動 ～を壊す，割る，破る			
1307	**Why not?**	いいじゃないか；どうしてだめなのか？			
1308	**sound** [sáund] サウンド	動 C に聞こえる，思える 名 音，響き			
1309	**by the way**	ところで，ときに			
1310	**May I have your name?**	お名前を教えていただけますか？			
1311	**out** [áut] アウト	副 ①不在で ②外に ③すっかり ④消えて			
1312	**leave** [líːv] リーヴ	動 ①～を残す，置いておく ②～を去る ③出発する			
1313	**call back**	(～に) 電話をかけ直す，折り返し電話する			
1314	**introduce** [ìntrəd(j)úːs] イントロドゥース	動 ～を紹介する；～を導入する，輸入する			

1315 □	**nursery school** [nə́ːrsəri] ナーサリ	保育園［所］			
1316 □	**e-mail** [íːmèil] イーメイル	图 E メール			
1317 □	**address** [ədrés] アドレス	图 住所			
1318 □	**by** [bai] バイ	前 ①〈時〉までに ②〈手段〉によって			

§31　日常会話　[単語 No. 1285～1318／例文 s-388～399]

学習日　　・　・

日本語の意味になるように，キー・センテンスの空所に単語を入れましょう。

s-388 ☐ 「手伝っていただけますか？」「はい，何をしましょうか？」

“____ ____ help me?”

“Sure, ____ ____ __ ____ ____ ____?”

s-389 ☐ この５ポンド札をコインに交換していただけますか？

Can I ____ this five ____ ____ for ____s?

s-390 ☐ グレッグに助言を頼もう。

Let’s ____ Greg ____ ____.

s-391 ☐ 「一緒に楽しめると思うよ」「私もそう思う」

“I’m ____ we’ll have a good time together.” “__ ____ ____, too.”

s-392 ☐ あなたに会えるのを楽しみにしています。

I’m ____ ____ __ seeing you.

s-393 ☐ 「どうしたのですか？」

「頭痛がして，熱があるのです」

「それはかわいそうに」

“What’s the ____?”

“I have a ____ and ____.”

“____ ____ ____.”

s-394 ☐ 「やあ，一緒に来ませんか？」「喜んで。ご親切にありがとう」

“____, ____ ____ ____ come with me?”

“____ ____ ____. ____ ____ ____ ____ ____.”

s-395 ☐ 「休憩を取りませんか？」「うん，いいね。ところで，今何時？」

“____ ____ ____ take a ____?”

“____ ____? ____ s good. ____ ____ ____, what time is it?”

s-396 ☐ 「お名前を教えていただけますか？」「はい，私の名前はエリザベス・ガードナーです」

“____ _ ____ ____ ____?” “Yes, my name is Elizabeth Gardner.”

s-397 ☐ 「キャシーと話せますか？」

「すみませんが，彼女は今外出しています。メッセージを残しますか？」

「いいえ，ありがとう。後でかけ直します」

“Can I speak to Cathy?”

“Sorry, but she’s ____ now. Would you like to ____ a message?”

“No, thank you. I’ll ____ ____ later.”

s-398 ☐ 「あなたの友だちに私を紹介してくれませんか？」

「ええ。こちらナオです。保育園からの古い友だちです」

“Will you ____ me to your friend?”

“Sure. This is Nao. She is an old friend from ____ ____.”

s-399 ☐ 「これが私のＥメールアドレスです」「ありがとう。明日までにＥメールを送ります」

“Here is my ____ ____.”

“Thanks. I’ll send you an e-mail ____ tomorrow.”

§32 科学技術 [単語 No. 1319～1352／例文 s-400～408]

学習日 ・ ・

No.	単語と発音	品詞と主な意味	書きこみ①	書きこみ②	書きこみ③
1319 □	**invent** [invént] インヴェント	動 ～を発明する，考案する			
1320 □	**technology** [teknálədʒi] テクナロヂ	名 科学技術，テクノロジー			
1321 □	**that** [ðǽt] ザト	関係代名詞（ふつう訳さない） 代 あれは 形 あの，その			
1322 □	**blind** [bláind] ブラインド	形 目が見えない，視覚障害者の			
1323 □	**which** [*h*wítʃ] ウィチ	関係代名詞（ふつう訳さない） 疑問代名詞 どちらが［を］			
1324 □	**gas** [gǽs] ギャス	名 ①ガソリン ②気体，ガス			
1325 □	**engineer** [èn*d*ʒəníə*r*] エンヂニア	名 技師，エンジニア			
1326 □	**who** [hú:] フー	関係代名詞（ふつう訳さない） 疑問代名詞 誰（が［を，に］）			
1327 □	**powerful** [páuə*r*fl] パウアフル	形 強力な，力強い			
1328 □	**engine** [én*d*ʒən] エンヂン	名 エンジン			
1329 □	**article** [á:*r*tikl] アーティクル	名 ①記事 ②品物			
1330 □	**electric** [iléktrik] イレクトリク	形 電気の，電動の			
1331 □	**produce** [prəd(j)ú:s] プロドゥース	動 ～を生産する			
1332 □	**increase** [inkrí:s] インクリース	動 増える；～を増やす 名 [ˊ ー] 増加			

1333 □	**be thinking of Ving**	V しようかと考えている			
1334 □	**develop** [divéləp] ディヴェロプ	動 ～を開発する，発展させる			
1335 □	**digital** [dídʒitl] ディヂトル	形 デジタルの，コンピュータの 名 デジタル			
1336 □	**camera** [kǽmərə] キャマラ	名 カメラ			
1337 □	**various** [véəriəs] ヴェアリアス	形 いろいろな，さまざまな			
1338 □	**device** [diváis] ディヴァイス	名 装置，仕掛け			
1339 □	**connect** [kənékt] コネクト	動 ～をつなぐ，結びつける			
1340 □	**network** [nétwəːrk] ネトワーク	名 ネットワーク			
1341 □	**one day**	ある日，いつか			
1342 □	**possible** [pásəbl] パスイブル	形 可能な，起こりうる			
1343 □	**human being** [hjúːmən bíːiŋ] ヒューマン ビーイング	人間			
1344 □	**surface** [sə́ːrfəs] サーファス	名 表面，水面，外見			
1345 □	**rocket** [rákət] ゥラケト	名 ロケット			
1346 □	**toward** [tɔ́ːrd] トード	前 ～に向かって，～の方に			
1347 □	**speed** [spíːd] スピード	名 スピード，速度			
1348 □	**express** [iksprés] イクスプレス	動 ～を表現する			

1349 ☐	**own** [óun] オウン	形 自身の，独自の			
1350 ☐	**opinion** [əpínjən] オピニョン	名 意見			
1351 ☐	**atomic** [ətάmik] アタミク	形 原子（力）の			
1352 ☐	**clearly** [klíərli] クリアリ	副 はっきりと，明らかに			

§32 科学技術 [単語 No. 1319 ~ 1352 ／例文 s-400 ~ 408]

学習日 . .

日本語の意味になるように，キー・センテンスの空所に単語を入れましょう。

s-400 彼は目が見えない人を助けられる新しい科学技術を発明した。

☐ He ______ a new ______ ______ can help ______ people.

s-401 これはガソリンで走る車です。

☐ This is a car ______ runs on ______.

s-402 彼は強力なエンジンを設計した技師だった。

☐ He was an ______ ______ designed ______ ______s.

s-403 日本で生産される電気自動車の数が増えているという記事がある。

☐ There is an ______ that says that the number of ______ cars ______ in Japan is ______.

s-404 私たちは新しいデジタルカメラを開発しようと考えている。

☐ We are ______ __ ______ a new ______ ______.

s-405 いろいろな装置がネットワークにつながっている。

☐ ______ ______s are ______ to the ______.

s-406 月の表面に人間が住むことがいつか可能になるかもしれない。

☐ _____ _____ it may be __________ for ________ ________s to live on the _________ of the moon.

s-407 ロケットが高速で私たちの方に向かってきている。

☐ A ________ is coming _________ us at high ________.

s-408 私は原子力に関する自分自身の意見をはっきりと表現してきた。

☐ I have _____________ my _____ __________ on _________ power ________.

§33　ビジネス　[単語 No. 1353～1377／例文 s-409～415]

学習日

No.	単語と発音	品詞と主な意味	書きこみ①	書きこみ②	書きこみ③
1353 □	**someone** [sʌ́mwʌ̀n] サムワン	名 ある人，人，誰か			
1354 □	**especially** [ispéʃəli] イスペシャリ	副 特に，特別に，とりわけ			
1355 □	**work for A**	A〈会社〉で働く； A のために働く			
1356 □	**company** [kʌ́mpəni] カンパニ	名 会社			
1357 □	**A called B**	B と呼ばれる A			
1358 □	**nearly** [níərli] ニアリ	副 ほとんど，ほぼ，もう少しで			
1359 □	**thousand** [θáuznd] サウズンド	名 形 1,000（の）			
1360 □	**copy** [kápi] カピ	名 ①部，冊　②コピー，複写 動 ～をコピーする，写す			
1361 □	**not only A but (also) B**	A だけでなく B も			
1362 □	**staff** [stǽf] スタフ	名 職員，社員，スタッフ			
1363 □	**professional** [prəféʃənl] プロフェショヌル	形 プロの 名 プロ，職業人，専門家			
1364 □	**interpreter** [intə́ːrprətər] インタープリタ	名 通訳			
1365 □	**prepare** [pripéər] プリペア	動 準備をする，備える； ～を用意する			
1366 □	**face to face** [féis tə féis] フェイストゥ フェイス	面と向かって（の）， 差し向かいで（の）			

1367 □	**interview** [íntərvjùː] インタヴュー	名 インタビュー，会見，面接			
1368 □	**sale** [séil] セイル	名 販売			
1369 □	**customer** [kʌ́stəmər] カスタマ	名（店の）客			
1370 □	**friendly** [fréndli] フレンドリ	形 やさしい，親切な，好意的な			
1371 □	**manner** [mǽnər] マナ	名 ①やり方，方法；物腰 ②作法，行儀			
1372 □	**maybe** [méibi(ː)] メイビ(ー)	副 ひょっとすると， ことによると，おそらく			
1373 □	**begin** [bigín] ビギン	動 ～を始める；始まる			
1374 □	**business** [bíznəs] ビズネス	名 事業，仕事，商売； 企業，会社			
1375 □	**however** [hauévər] ハウエヴァ	副 しかし，けれども			
1376 □	**step** [stép] ステプ	名 一歩，ステップ，足の運び			
1377 □	**research** [rísəːrtʃ] ウリーサーチ	名 調査，研究 動 ～を調査する，研究する			

§33　ビジネス　[単語 No. 1353～1377／例文 s-409～415]

学習日　.　.

日本語の意味になるように，キー・センテンスの空所に単語を入れましょう。

s-409 特に海外にいるときは，知らない人に話しかけるのはむずかしい。

☐ It is difficult to talk to ______ I don’t know, ______ when I’m abroad.

s-410 彼はモバイル・ダイレクトと呼ばれる会社で働いている。

☐ He ______s ______ a ______ ______ Mobile Direct.

s-411 その店はその本を３千冊近く売った。

☐ The shop sold ______ three ______ ______ of the book.

s-412 彼女はすばらしい職員であるばかりでなく，プロの通訳でもある。

☐ She is ______ ______ a good ______ member ______ ______ a ______ ______.

s-413 彼は仕事の１対１の面接に備えている。

☐ He’s ______ for ______ job ______s.

s-414 その店員はやさしい物腰で客に話しかける。

☐ That ______ clerk speaks to ______s in a ______ ______.

s-415 ひょっとするとあなたは新しい事業を今始めたいかもしれない。しかし，最初の一歩は調査である。

☐ ______ you want to ______ a new ______ now. ______, the first ______ is ______.

§34　文化・スポーツ・学校　[単語 No. 1378～1438／例文 s-416～436]

学習日　　・　・

No.	単語と発音	品詞と主な意味	書きこみ①	書きこみ②	書きこみ③
1378 □	**impress** [imprés] インプレス	動 ～に感銘を与える			
1379 □	**creativity** [krìːeitívəti] クリーエイティヴィティ	名 創造性，独創性			
1380 □	**artist** [ɑ́ːrtist] アーティスト	名 芸術家			
1381 □	**main** [méin] メイン	形 主要な，主な，重大な			
1382 □	**character** [kǽrəktər] キャラクタ	名 ①登場人物 ②性格，人格			
1383 □	**novel** [nɑ́vl] ナヴル	名 小説			
1384 □	**actor** [ǽktər] アクタ	名 男優，俳優			
1385 □	**perform** [pərfɔ́ːrm] パフォーム	動 演じる，演奏する； 〈芸など〉をする，～を行う			
1386 □	**almost** [ɔ́ːlmoust] オールモウスト	副 ほとんど，ほぼ，もう少しで			
1387 □	**audience** [ɔ́ːdiəns] オーディエンス	名 観客，聴衆，聴き手			
1388 □	**still** [stíl] スティル	副 ①まだ，それでも ②今でも，今なお			
1389 □	**seat** [síːt] スィート	名 席，座る所			
1390 □	**major** [méidʒər] メイヂャ	形 大きな，重要な，一流の			
1391 □	**league** [líːg] リーグ	名 連盟，同盟			

1392	**hero** [hí:rou] ヒーロウ	名 英雄，偉人，ヒーロー			
1393	**go Ving**	V しに行く			
1394	**at least** [lí:st] リースト	少なくとも			
1395	**even** [í:vn] イーヴン	副 …さえ，…すら， たとえ…でも			
1396	**athlete** [ǽsli:t] アスリート	名 運動選手，スポーツマン			
1397	**gold** [góuld] ゴウルド	名 金			
1398	**medal** [médl] メドル	名 メダル，勲章			
1399	**marathon** [mǽrəθàn] マラサン	名 マラソン			
1400	**captain** [kǽptn] キャプテン	名 キャプテン，主将			
1401	**injure** [índʒər] インヂャ	動 ～を傷つける，痛める			
1402	**match** [mǽtʃ] マチ	名 試合			
1403	**fan** [fǽn] ファン	名 ファン，支持者			
1404	**cheer** [tʃíər] チア	動 声援を送る，応援する 名 声援			
1405	**more and more**	ますます			
1406	**probably** [prábəbli] プラバブリ	副 おそらく，たぶん，十中八九			
1407	**hold** [hóuld] ホウルド	動 ①〈会など〉を開く ②～を持つ，抱く，保つ			
1408	**by** [bai] バイ	前 ①～のそばに，近くに ②〈手段〉によって			

1409 ☐	**invite** [inváit] インヴァイト	動 ～を招く，招待する			
1410 ☐	**wedding** [wédiŋ] ウェディング	名 結婚式，婚礼			
1411 ☐	**ceremony** [sérəmòuni] セリモウニ	名 儀式，祭式			
1412 ☐	**offer** [ɔ́(:)fər] オ(ー)ファ	動 ～を提供する，与える 名 申し出，提案			
1413 ☐	**chance** [tʃǽns] チャンス	名 機会，好機，チャンス			
1414 ☐	**make friends (with A)**	(A と) 友だちになる			
1415 ☐	**memory** [méməri] メマリ	名 ①思い出　②記憶力			
1416 ☐	**chorus** [kɔ́:rəs] コーラス	名 合唱，コーラス；合唱団			
1417 ☐	**contest** [kɑ́ntest] カンテスト	名 コンテスト，競技会			
1418 ☐	**grade** [gréid] グレイド	名 ①学年 ②成績，評価			
1419 ☐	**elementary school** [èləméntəri] エリメンタリ	小学校			
1420 ☐	**neighbor** [néibər] ネイバ	名 近所の人，隣人			
1421 ☐	**second-year student**	２年生			
1422 ☐	**graduate** [grǽdʒuèit] グラヂュエイト	動 卒業する			
1423 ☐	**without** [wiðáut] ウィザウト	前 ～なしで，～なしに			
1424 ☐	**plan** [plǽn] プラン	名 計画，案，予定 動 ～を計画する			

1425 ☐	**continue** [kəntínjuː] コンティニュー	動（〜を）続ける			
1426 ☐	**effort** [éfərt] エファト	名 努力			
1427 ☐	**wish** [wíʃ] ウィシュ	名 願い，望み（のもの） 動 〜を願う			
1428 ☐	**come true** [kʌ̀m trúː] カムトルー	実現する，本当になる			
1429 ☐	**such** [sʌ́tʃ] サチ	形 このような，こういう			
1430 ☐	**clever** [klévər] クレヴァ	形 かしこい，利口な			
1431 ☐	**true** [trúː] トルー	形 本当の，真実の，本物の			
1432 ☐	**be good at A**	A が得意だ，上手だ			
1433 ☐	**be afraid of A [Ving]**	A [V するの] がこわい			
1434 ☐	**mistake** [mistéik] ミステイク	名 誤り，間違い 動 〜を間違える			
1435 ☐	**borrow** [bɔ́(ː)rou] ボ(ー)ロウ	動 〜を借りる			
1436 ☐	**dictionary** [díkʃənèri] ディクショネリ	名 辞書			
1437 ☐	**simple** [símpl] スィンプル	形 かんたんな，単純な，わかりやすい			
1438 ☐	**discussion** [diskʌ́ʃən] ディスカション	名 議論			

§34　文化・スポーツ・学校　[単語 No. 1378 ～ 1438 ／例文 s-416 ～ 436]

学習日　　・　・

日本語の意味になるように，キー・センテンスの空所に単語を入れましょう。

s-416 私はその芸術家の創造性に感心した。
☐ I was ______ by the ______ of the ______.

s-417 この小説の主人公が好きです。
☐ I like the ______ ______ of this ______.

s-418 その男優はよく演じた。
☐ The ______ ______ well.

s-419 ほとんどすべての観客がまだ席に座っていた。
☐ ______ all of the ______ were ______ in their ______s.

s-420 すべてのメジャーリーグの野球選手は私にとっては英雄である。
☐ All ______ ______ baseball players are ______es to me.

s-421 たとえ冬でも，彼は少なくとも週に１回は泳ぎに行く。
☐ He ______es swimming ______ ______ once a week, ______ in winter.

s-422 日本の選手がマラソンで金メダルを取った。
☐ A Japanese ______ won the ______ ______ in the ______.

s-423 試合で私たちのキャプテンがけがをした。

☐ Our ______ was ______ in the ______.

s-424 ヤンキースのファンがますます声援を送った。

☐ Yankees ______s ______ ______ ______ ______.

s-425 おそらく彼女はセントラルパーク近くのホテルで夕食会を開くでしょう。

☐ ______ she will ______ a dinner party at a hotel ___ Central Park.

s-426 彼女は結婚式に多くの友だちを招いた。

☐ She ______ many friends to her ______ ______.

s-427 夏期講習は友だちを作る機会をもたらす。

☐ Summer school ______s a ______ to ______ ______.

s-428 この学校での最高の思い出は去年の合唱コンテストです。

☐ My best ______ of this school is the ______ ______ last year.

s-429 私の息子は小学校５年生です。

☐ My son is in the fifth ______ of ______ ______.

s-430 隣人の息子は中学２年生だ。

☐ My ______'s son is a ______ ______ in junior high school.

s-431 将来の計画なしに私は高校を卒業した。

☐ I ______ from high school ______ a ______ for the future.

s-432 もし努力することを続ければ，望みがかなうでしょう。

☐ If you ______ to make an ______, your ______ will ______ ______.

s-433 これまでこんなにかしこい男の子に会ったことがない。

☐ I've never seen ______ a ______ boy before.

s-434 英語が得意でないのは本当だが，誤りをおかすのは恐れない。

☐ It is ______ that I'm not ______ ______ English, but I'm not ______ ______ making ______s.

s-435 私は友だちに辞書を借りた。

☐ I ______ a ______ from my friend.

s-436 彼は議論ではかんたんな言葉を使う。

☐ He uses ______ words in ______.

§35 社会 [単語 No. 1439 ~ 1485 / 例文 s-437 ~ 450]

学習日 . .

No.	単語と発音	品詞と主な意味	書きこみ①	書きこみ②	書きこみ③
1439 □	**either** [íːðər] イーザ	副 ①AかBか ②～もまた（ない）			
1440 □	**passport** [pǽspɔ̀ːrt] パスポート	名 パスポート			
1441 □	**license** [láisəns] ライセンス	名 免許証			
1442 □	**politician** [pɑ̀lətíʃən] パリティシャン	名 政治家			
1443 □	**both** [bóuθ] ボウス	副 形 両方の，両方とも 名 両方			
1444 □	**enemy** [énəmi] エネミ	名 敵			
1445 □	**shock** [ʃák] シャク	動 ～をぎょっとさせる 名 **衝撃，ショック**			
1446 □	**natural** [nǽtʃərəl] ナチュラル	形 自然の，当然の			
1447 □	**disaster** [dizǽstər] ディザスタ	名 災害，天災，大惨事			
1448 □	**lawyer** [lɔ́iər] ロイア	名 弁護士，法律家			
1449 □	**support** [səpɔ́ːrt] サポート	動 ～を支持する，支援する 名 支持，支援			
1450 □	**movement** [múːvmənt] ムーヴメント	名 運動，動くこと			
1451 □	**save** [séiv] セイヴ	動 ①～を救う，助ける，守る **②～を蓄える，節約する**			
1452 □	**thanks to A**	Aのおかげで			

No.	単語	意味			
1453 □	**be able to V** [éibl] エイブル	V することができる， V する能力がある			
1454 □	**survive** [səːrváiv] サーヴァイヴ	動 生き残る			
1455 □	**take part in A**	A に参加する			
1456 □	**volunteer** [vὰləntíər] ヴァランティア	名 ボランティア			
1457 □	**activity** [æktívəti] アクティヴィティ	名 活動			
1458 □	**rich** [rítʃ] ゥリチ	形 豊かな，裕福な			
1459 □	**aid** [éid] エイド	名 援助 動 ～を援助する，助ける			
1460 □	**poor** [púər] プア	形 貧しい，貧乏な			
1461 □	**citizen** [sítəzn] スィティズン	名 市民			
1462 □	**equal** [íːkwəl] イークワル	形 等しい，平等な，匹敵する			
1463 □	**right** [ráit] ゥライト	名 ①権利　②正しいこと　③右 形 正しい　副 正しく			
1464 □	**solve** [sálv] サルヴ	動 ～を解決する，解く			
1465 □	**problem** [prábləm] プラブレム	名 問題，課題			
1466 □	**face** [féis] フェイス	動 ～に直面する 名 顔			
1467 □	**gun** [gʌ́n] ガン	名 銃			
1468 □	**control** [kəntróul] コントロウル	名 規制 動 ～を制御する			
1469 □	**law** [lɔ́ː] ロー	名 ①法律 ②法則			

1470 ☐	**report** [ripɔ́ːrt] ゥリポート	名 報告 動（〜を）報告する			
1471 ☐	**effect** [ifékt] イフェクト	名 影響，効果，結果			
1472 ☐	**climate** [kláimət] クライマト	名 気候			
1473 ☐	**king** [kíŋ] キング	名 王様，王			
1474 ☐	**proud** [práud] プラウド	形 誇りを持っている			
1475 ☐	**position** [pəzíʃən] ポズィション	名 立場，境遇，位置，場所			
1476 ☐	**not 〜 at all**	全く〜ない，全然〜ない， 少しも〜ない			
1477 ☐	**government** [gʌ́vərnmənt] ガヴァンメント	名 政府			
1478 ☐	**promise** [práməs] プラミス	動（〜を）約束する			
1479 ☐	**education** [èdʒəkéiʃən] エヂュケイション	名 教育			
1480 ☐	**system** [sístəm] スィステム	名 制度			
1481 ☐	**generation** [dʒènəréiʃən] ヂェナレイション	名 世代			
1482 ☐	**perhaps** [pərhǽps] パハプス	副 ことによると， ひょっとしたら			
1483 ☐	**no one**	誰も〜ない			
1484 ☐	**secret** [síːkrət] スィークレト	名 秘訣，秘密 形 秘密の			
1485 ☐	**success** [səksés] サクセス	名 成功			

§35　社会　[単語 No. 1439 ~ 1485 ／例文 s-437 ~ 450]

学習日　　.　　.

日本語の意味になるように，キー・センテンスの空所に単語を入れましょう。

s-437 この場所に入るにはパスポートか運転免許証が必要です。
☐ You need ______ a ______ or a driver's ______ to enter the place.

s-438 その政治家には友人も敵も両方いる。
☐ The ______ has ______ friends and ______.

s-439 私たちはその自然災害について聞きショックを受けた。
☐ We were ______ to hear about the ______ ______.

s-440 その弁護士は子どもたちを救う運動を支持した。
☐ The ______ ______ the ______ to ______ the children.

s-441 彼のおかげで，私は生き残ることができた。
☐ ______ ______ him, I ______ ______ ______ ______.

s-442 私はボランティア活動に参加した。
☐ I ______ ______ ______ a ______ ______.

s-443 豊かな国は貧しい国に援助を与えるべきだ。
☐ ______ countries should give ______ to ______ countries.

s-444 すべての市民は平等な権利を持っている。

☐ All ________s have ________ ________s.

s-445 私たちは今日直面している問題を解決することができる。

☐ We can ________ the ________s we are ________ today.

s-446 私たちは銃規制法を必要としている。

☐ We need a ________ ________ ________.

s-447 これは気候変動の影響に関する報告です。

☐ This is a ________ on the ________s of ________ change.

s-448 王様は自分の立場に全く誇りを持っていなかった。

☐ The ________ was ________ ________ of his ________ ________ ________.

s-449 政府は将来の世代のために新しい教育制度を設計することを約束した。

☐ The ________ ________ to design a new ________ ________ for future ________s.

s-450 ひょっとすると誰も成功の秘訣を知らない。

☐ ________ ________ ________ knows the ________ of ________.

§36　福祉・健康・生活　[単語 No. 1486 ～ 1542 ／例文 s-451 ～ 468]

学習日　　・　・

No.	単語と発音	品詞と主な意味	書きこみ①	書きこみ②	書きこみ③
1486 □	**few** [fjúː] フュー	形 代 ①ほとんどない（もの） ②少し（の），2，3の			
1487 □	**nursing home** [nə́ːrsiŋ] ナースィング	（高齢者）介護施設，老人ホーム			
1488 □	**elderly** [éldərli] エルダリ	形 高齢の			
1489 □	**nearby** [níərbái] ニアバイ	副 形 近くに［で，の］			
1490 □	**even if ～**	たとえ～でも			
1491 □	**ill** [íl] イル	形 病気の，悪い			
1492 □	**rest** [rést] ゥレスト	名 休み，休息 動 休む，休息する			
1493 □	**discover** [diskʌ́vər] ディスカヴァ	動 ～を発見する			
1494 □	**real** [ríːəl] ゥリーアル	形 本当の，真の，本物の； 現実の，実際の			
1495 □	**cause** [kɔ́ːz] コーズ	名 原因，理由 動 ～を引き起こす			
1496 □	**heart** [hɑ́ːrt] ハート	名 心臓；心			
1497 □	**disease** [dizíːz] ディズィーズ	名 病気，疾病			
1498 □	**tell 〈人〉 to V**	〈人〉に V するように言う， 命じる			
1499 □	**medicine** [médəsn] メディスン	名 薬			

1500	**a** [ə] ア	冠 ①～につき，ごとに ②ある，１つの			
1501	**terrible** [térəbl] テリブル	形 ひどい，猛烈な			
1502	**pain** [péin] ペイン	名 痛み			
1503	**stomach** [stʌ́mək] スタマク	名 胃			
1504	**dad** [dǽd] ダド	名 パパ，お父さん			
1505	**give A up**	A〈習慣など〉をやめる，あきらめる			
1506	**recently** [ríːsntli] ゥリースントリ	副 最近，ついこのあいだ			
1507	**everywhere** [évri*h*wèər] エヴリウェア	副 どこにも，どこへも，いたるところに			
1508	**everyday** [évridèi] エヴリデイ	形 日常の，毎日の			
1509	**smart** [smáːrt] スマート	形 かしこい，利口な；しゃれた，きちんとした			
1510	**cellphone** [sélfòun] セルフォウン	名 携帯電話			
1511	**same** [séim] セイム	形 代 同じ（もの），同じ（こと）			
1512	**hurry** [hə́ːri] ハーリ	名 急ぐこと，大あわて 動 急ぐ；～を急がせる			
1513	**though** [ðóu] ゾウ	接 ～にもかかわらず，～だけれども			
1514	**dark** [dáːrk] ダーク	形 暗い			
1515	**decide** [disáid] ディサイド	動 ～を決める			
1516	**diary** [dáiəri] ダイアリ	名 日記			

1517	**result** [rizʌ́lt] ウリザルト	名 結果，結末，成り行き			
1518	**throw** [θróu] スロウ	動（～を）投げる			
1519	**act** [ǽkt] アクト	動 行動する，実行する 名 行動，**行為**			
1520	**as** [əz] アズ	接 ～するように 前 **～として**			
1521	**what to V**	何をＶするべきか			
1522	**these days**	近頃では，今日では			
1523	**too ... to V**	あまりにも…なのでＶできない			
1524	**dirty** [dә́:rti] ダーティ	形 汚い			
1525	**expression** [ikspréʃən] イクスプレション	名 表現			
1526	**so ... that ～**	とても…なので～			
1527	**imagine** [imǽdʒin] イマヂン	動 ～を想像する			
1528	**happen to A** [hǽpn] ハプン	Ａ〈人など〉に起こる， ふりかかる			
1529	**friendship** [fréndʃip] フレンドシップ	名 友情			
1530	**last** [lǽst] ラスト	動 続く　形 **①この前の ②最後の** 副 **最後に**　名 **最後**			
1531	**forever** [fərévər] ファレヴァ	副 永久に，永遠に			
1532	**keep in touch (with A)**	（Ａと）連絡を保つ			

1533 ☐	**miss** [mís] ミス	動 ①～がいなくてさびしく思う ②～を見逃す			
1534 ☐	**sincerely** [sinsíərli] スィンスィアリ	副 心から，誠実に			
1535 ☐	**grammar** [grǽmər] グラマ	名 文法			
1536 ☐	**adjective** [ǽdʒiktiv] アヂクティヴ	名 形容詞			
1537 ☐	**adverb** [ǽdvəːrb] アドヴァーブ	名 副詞			
1538 ☐	**article** [áːrtikl] アーティクル	名 冠詞			
1539 ☐	**noun** [náun] ナウン	名 名詞			
1540 ☐	**preposition** [prèpəzíʃən] プレポズィション	名 前置詞			
1541 ☐	**pronoun** [próunàun] プロウナウン	名 代名詞			
1542 ☐	**verb** [və́ːrb] ヴァーブ	名 動詞			

§36 福祉・健康・生活 [単語 No. 1486 ～ 1542 ／例文 s-451 ～ 468]

学習日 . .

日本語の意味になるように，キー・センテンスの空所に単語を入れましょう。

s-451 近所に高齢者のための介護施設はほとんどない。
□ There are ____ ________ ________s for ________ people ________.

s-452 たとえあなたが病気でも，休む時間はありません。
□ ______ __ you are ___, we have no time to take a _____.

s-453 彼は自分の心臓病の本当の原因を発見した。
□ He ____________ the _____ _______ of his ______ ________.

s-454 医者は私に日に３回薬を飲むように言った。
□ My doctor _____ me __ take the __________ three times _ day.

s-455 胃にひどい痛みがあった。
□ I had a _________ _____ in my _________.

s-456 お父さんは最近たばこを吸うのをやめた。
□ My _____ has ______ ___ smoking _________.

s-457 私は日常生活を記録するためにどこにでもカメラを持っていく。
□ I bring my camera _____________ to record my _________ life.

s-458 運転しながら同時に携帯電話で話すのはかしこくない。
□ It is not _______ to drive and talk on a ___________ at the ______ time.

s-459 すでに暗くなっていたにもかかわらず，彼女は急いでいなかった。

☐ She wasn't in a ______, ______ it was already ______.

s-460 私は日記をつける決心をした。

☐ I've ______ to keep a ______.

s-461 食べ物を買いすぎる人がいる。その結果，彼らはそれを処分する。

☐ Some people buy too much food. As a ______, they ______ it away.

s-462 あなたの好きなように行動することができます。

☐ You can ______ ______ you like.

s-463 私は最近何をすべきかわからない。

☐ I don't know ______ ______ do ______ ______.

s-464 この水は汚すぎて飲めない。

☐ This water is ______ ______ ______ drink.

s-465 彼の表現はとても現実的だったので，何が彼に起きたかを想像するのはかんたんだった。

☐ His ______s were ______ real ______ it was easy to ______ what ______ ______ him.

s-466 私たちの友情は永久に続くだろう。

☐ Our ______ will ______ ______.

s-467 連絡を取り合おうね。君がいないとさびしくなるよ。

☐ Please ______ ______ ______. I'll ______ you.

s-468 敬具

☐ ______ yours,

§26 食事 p. 131

s-314 "Shall I bring the menu?"
"Yes, please."

s-315 "Can I take your order?"
"Yes, I'll have a steak and a beer."

s-316 "All right. Anything else?"
"That's all."

s-317 "Would you like dessert?"
"No, thank you. I'm full."

s-318 "Will you pass me the salt?"
"Sure."

s-319 We have corn, milk, and lemon juice in the fridge.

s-320 How do you like your eggs, fried or boiled?

s-321 What is the difference between scrambled eggs and an omelet?

s-322 "That spaghetti-and-sausage smells good."
"Please help yourself."

s-323 Wasabi gives flavor to the dish and also keeps it from going bad.

s-324 They use bamboo chopsticks at every meal.

s-325 She added a few drops of oil to the dish.

s-326 Soy sauce is made from soybeans.

s-327 The chef is ready to serve dinner.

s-328 You should eat a well-balanced diet.

s-329 The recipe for grilled chicken includes honey and garlic.

s-330 I hate hamburgers. I'll just have some mixed nuts.

§27 移動・地理 p. 139

s-331 Singapore is located in Southeast Asia.

s-332 I have lived in the nation since I got married.

s-333 "How long have you been in Hawaii?"
"Hmm, let's see ... for over ten weeks."

s-334 I found a surprising fact about Brazil.

s-335 "Have you ever been to Thailand?"
"No, not yet."

s-336 The President of the United States has already arrived in Russia.

s-337 A group of five people went camping near a waterfall in the Philippines.

s-338 There is a factory several miles away from here.

s-339 Three months have passed since he went away.

s-340 We gathered in front of the entrance of the hall.

s-341 We crossed to the other side of the street.

s-342 "What is the purpose of your visit?"
"Sightseeing."

s-343 "Excuse me. Can you tell me the way to the nearest bank?"
"Well, turn left at the second corner and you'll see it on your right."
"I see. Thanks."

s-344 "Excuse me. Is there a hotel around here?"
"Yeah. Go straight along the street and turn left at the second traffic light."

s-345 "How long does it take to get to the station?"
"Sorry, I'm a stranger here myself."
"Okay. Thank you anyway."

s-346 I am afraid to travel by myself. I often get lost on my way to school.

s-347 The castle is 800 meters above sea level.

s-348 He worked for a long time as a tour guide in Nara Prefecture.

s-349 I took a direct flight to Paris.

s-350 A big wave was approaching me.

s-351 He went down to the convenience store alone.

s-352 This area is not safe. In fact, it is very dangerous.

§28 感情・感覚 p. 145

s-353 I'm just nervous about the test.

s-354 Laughter makes people happy.

s-355 I just want you to have the courage to tell the truth.

s-356 His wife kept encouraging him to try again.

s-357 This joke may be funny to some but to others it isn't.

s-358 I had a strange feeling about the visitor.

s-359 The kid asked his mom to buy him a new toy.

s-360 She is not beautiful but cute.

s-361 At first, I thought I was going to be lucky, but actually I wasn't.

s-362 When I go fishing, I feel relaxed and close to nature.

s-363 She seemed to understand that the situation was serious.

s-364 Her round eyes were filled with tears. She took a handkerchief from her pocket.

s-365 She still refuses to accept his death.

§29 環境・自然・生物 p. 150

s-366 It is necessary to take action to preserve nature.

s-367 It is important for us to protect World Heritage Sites.

s-368 It was impossible for him to grow plants in the desert.

s-369 People are burning down the rain forests because they want to plant crops.

s-370 I didn't know how to recycle garbage.

s-371 We have to reduce the amount of waste as much as we can.

s-372 The panels collect solar energy.

s-373 You can't shoot a wild deer in the valley.

s-374 I found that only queen bees lay eggs.

s-375 Some pigeons can fly long distances.

s-376 My cat was lying on the roof of the shrine.

§30 生活 p. 155

s-377 She tried to wake up her sleeping husband.

s-378 While he was fixing the broken window, he hurt himself and shouted, "Ouch!"

s-379 A man riding a bike was run over by a bus.

s-380 She sat on a bench covered with snow.

s-381 This hotel was designed by a famous architect named Frank Lloyd Wright.

s-382 This sofa is one of our most comfortable pieces of furniture.

s-383 I always carry a light lunch box made of wood.

s-384 I wonder what is inside the pot.

s-385 I realized the importance of communication in our daily life.

s-386 It is not easy to spend less money and save more.

s-387 I noticed a sign on the wall saying "DANGER!"

§31 日常会話 p. 160

s-388 "Would you help me?"
"Sure, what can I do for you?"

s-389 Can I exchange this five pound note for coins?

s-390 Let's ask Greg for advice.

s-391 "I'm sure we'll have a good time together."
"I think so, too."

s-392 I'm looking forward to seeing you.

s-393 "What's the matter?"
"I have a headache and fever."
"That's too bad."

s-394 "Hey, why don't you come with me?"
"I'd love to. That's very kind of you."

s-395 "Why don't we take a break?"
"Why not? Sounds good. By the way, what time is it?"

s-396 "May I have your name?"
"Yes, my name is Elizabeth Gardner."

s-397 "Can I speak to Cathy?"
"Sorry, but she's out now. Would you like to leave a message?"
"No, thank you. I'll call back later."

s-398 "Will you introduce me to your friend?"
"Sure. This is Nao. She is an old friend from nursery school."

s-399 "Here is my e-mail address."
"Thanks. I'll send you an e-mail by tomorrow."

§32 科学技術 p. 165

s-400 He invented a new technology that can help blind people.

s-401 This is a car which runs on gas.

s-402 He was an engineer who designed powerful engines.

s-403 There is an article that says that the number of electric cars produced in Japan is increasing.

s-404 We are thinking of developing a new digital camera.

s-405 Various devices are connected to the network.

s-406 One day it may be possible for human beings to live on the surface of the moon.

s-407 A rocket is coming toward us at high speed.

s-408 I have expressed my own opinion on atomic power clearly.

§33 ビジネス p. 169

s-409 It is difficult to talk to someone I don't know, especially when I'm abroad.

s-410 He works for a company called Mobile Direct.

s-411 The shop sold nearly three thousand copies of the book.

s-412 She is not only a good staff member but also a professional interpreter.

s-413 He's preparing for face-to-face job interviews.

s-414 That sales clerk speaks to customers in a friendly manner.

s-415 Maybe you want to begin a new business now. However, the first step is research.

§34 文化・スポーツ・学校 p. 174

s-416 I was impressed by the creativity of the artist.

s-417 I like the main character of this novel.

s-418 The actor performed well.

s-419 Almost all of the audience were still in their seats.

s-420 All major league baseball players are heroes to me.

s-421 He goes swimming at least once a week, even in winter.

s-422 A Japanese athlete won the gold medal in the marathon.

s-423 Our captain was injured in the match.

s-424 Yankees fans cheered more and more.

s-425 Probably she will hold a dinner party at a hotel by Central Park.

s-426 She invited many friends to her wedding ceremony.

s-427 Summer school offers a chance to make friends.

s-428 My best memory of this school is the chorus contest last year.

s-429 My son is in the fifth grade of elementary school.

s-430 My neighbor's son is a second-year student in junior high school.

s-431 I graduated from high school without a plan for the future.

s-432 If you continue to make an effort, your wish will come true.

s-433 I've never seen such a clever boy before.

s-434 It is true that I'm not good at English, but I'm not afraid of making mistakes.

s-435 I borrowed a dictionary from my friend.

s-436 He uses simple words in discussion.

§35 社会 p. 180

s-437 You need either a passport or a driver's license to enter the place.

s-438 The politician has both friends and enemies.

s-439 We were shocked to hear about the natural disaster.

s-440 The lawyer supported the movement to save the children.

s-441 Thanks to him, I was able to survive.

s-442 I took part in a volunteer activity.

s-443 Rich countries should give aid to poor countries.

s-444 All citizens have equal rights.

s-445 We can solve the problems we are facing today.

s-446 We need a gun control law.

s-447 This is a report on the effects of climate change.

s-448 The king was not proud of his position at all.

s-449 The government promised to design a new education system for future generations.

s-450 Perhaps no one knows the secret of success.

§36 福祉・健康・生活 p. 186

s-451 There are few nursing homes for elderly people nearby.

s-452 Even if you are ill, we have no time to take a rest.

s-453 He discovered the real cause of his heart disease.

s-454 My doctor told me to take the medicine three times a day.

s-455 I had a terrible pain in my stomach.

s-456 My dad has given up smoking recently.

s-457 I bring my camera everywhere to record my everyday life.

s-458 It is not smart to drive and talk on a cellphone at the same time.

s-459 She wasn't in a hurry, though it was already dark.

s-460 I've decided to keep a diary.

s-461 Some people buy too much food. As a result, they throw it away.

s-462 You can act as you like.

s-463 I don't know what to do these days.

s-464 This water is too dirty to drink.

s-465 His expressions were so real that it was easy to imagine what happened to him.

s-466 Our friendship will last forever.

s-467 Please keep in touch. I'll miss you.

s-468 Sincerely yours,

Step 4

§37 自然・生物 [単語 No. 1543～1574／例文 s-469～479]

学習日 ・ ・

No.	単語と発音	品詞と主な意味	書きこみ①	書きこみ②	書きこみ③
1543 □	**wow** [wáu] ワウ	間 うわー！；わあ！			
1544 □	**crane** [kréin] クレイン	名 鶴			
1545 □	**spread** [spréd] スプレド	動 ～を広げる			
1546 □	**wing** [wíŋ] ウィング	名 翼，羽			
1547 □	**Pardon?** [pɑ́ːrdn] パードン	何ですか？； もう一度言ってください			
1548 □	**sunlight** [sʌ́nlàit] サンライト	名 日光			
1549 □	**sunrise** [sʌ́nràiz] サンライズ	名 日の出			
1550 □	**sunset** [sʌ́nsèt] サンセト	名 日没，日暮れ時			
1551 □	**feed** [fíːd] フィード	動〈動物〉にえさを与える， ～を飼う			
1552 □	**dry** [drái] ドライ	形 乾いた			
1553 □	**wet** [wét] ウェト	形 しめった，ぬれた			
1554 □	**bat** [bǽt] バト	名 コウモリ			
1555 □	**ability** [əbíləti] アビリティ	名 能力			
1556 □	**skin** [skín] スキン	名 皮膚，肌，皮			
1557 □	**similar** [símələr] スィミラ	形 同じような			

1558 ☐	**fat** [fǽt] ファト	形 太った			
1559 ☐	**frog** [frág] フラグ	名 カエル			
1560 ☐	**weed** [wíːd] ウィード	名 雑草（の茂み）			
1561 ☐	**spider** [spáidər] スパイダ	名 クモ			
1562 ☐	**web** [wéb] ウェブ	名 ①クモの巣 ②ウェブ，インターネット			
1563 ☐	**insect** [ínsekt] インセクト	名 虫，昆虫			
1564 ☐	**as soon as ～**	～するやいなや， ～するとすぐに			
1565 ☐	**attack** [ətǽk] アタク	動 ～を攻撃する 名 攻撃			
1566 ☐	**run away**	逃げる			
1567 ☐	**experiment** [ikspérəmənt] イクスペリメント	名 実験 動 実験をする			
1568 ☐	**dolphin** [dálfin] ダルフィン	名 イルカ			
1569 ☐	**... and so on**	…など			
1570 ☐	**butterfly** [bʌ́tərflài] バタフライ	名 チョウ			
1571 ☐	**cage** [kéidʒ] ケイヂ	名（鳥などの）かご，おり			
1572 ☐	**bark** [báːrk] バーク	動 ほえる			
1573 ☐	**seldom** [séldəm] セルダム	副 めったに…ない			
1574 ☐	**bite** [báit] バイト	動 噛む			

§37 自然・生物　[単語 No. 1543 ~ 1574 ／例文 s-469 ~ 479]

学習日　　・　　・

日本語の意味になるように，キー・センテンスの空所に単語を入れましょう。

s-469 「わあ！　あの白い鶴が羽を広げている」「何ですか？　何て言ったの？」

□ "____! That white ____ is ____ its ____s."

"____? What did you say?"

s-470 日の出と日の入りの日光は赤い。

□ The ____ at ____ and ____ is red.

s-471 私は猫にドライフードもウェットフードも与えています。

□ I ____ my cat both ____ and ____ food.

s-472 コウモリは暗闇で飛ぶ能力がある。

□ A ____ has the ____ to fly in the dark.

s-473 ブタの皮膚は人間の皮膚に似ている。

□ Pig ____ is ____ to human ____.

s-474 草の中に太ったカエルがいた。

□ There was a ____ ____ in the ____s.

s-475 クモは虫を捕まえるために巣を作る。

☐ ________s make ______s to catch ________s.

s-476 ハチが攻撃し始めたらすぐに逃げなさい。

☐ ___ ______ ___ bees start __________ing you, ____ _____.

s-477 彼はクジラやイルカなどに多くの実験を行った。

☐ He did many ____________s on whales, _________s, ____ __ ___.

s-478 かごの中にチョウがいる。

☐ There is a __________ in the _____.

s-479 ほえる犬はめったに噛まない。

☐ A ________ dog ________ ______s.

§38　文化・芸術・学校　[単語 No. 1575 ~ 1646 ／例文 s-480 ~ 502]

学習日　・　・

No.	単語と発音	品詞と主な意味	書きこみ①	書きこみ②	書きこみ③
1575 □	**title** [táitl] タイトル	名 題名，題			
1576 □	**spirit** [spírət] スピリト	名 精神，心；霊			
1577 □	**technique** [tekní:k] テクニーク	名 技術，技巧，テクニック			
1578 □	**statue** [stǽtʃu:] スタチュー	名 像，彫像			
1579 □	**liberty** [líbərti] リバティ	名 自由			
1580 □	**create** [kriéit] クリエイト	動 ～を作る，創造する			
1581 □	**author** [ɔ́:θər] オーサ	名 作者，著者			
1582 □	**poem** [póuəm] ポウエム	名 詩			
1583 □	**active** [ǽktiv] アクティヴ	形 活動的な			
1584 □	**hobby** [hábi] ハビ	名 趣味			
1585 □	**right now**	ちょうど今，ただ今は			
1586 □	**stamp** [stǽmp] スタンプ	名 切手			
1587 □	**magic** [mǽdʒik] マヂク	名 マジック，手品，魔術，魔法			
1588 □	**performance** [pərfɔ́:rməns] パフォーマンス	名 上演，公演，演奏，演技，パフォーマンス			

1589	**be over**	終わっている，済んでいる			
1590	**midnight** [mídnàit] ミドナイト	名 夜の 12 時，真夜中			
1591	**exhibition** [èksəbíʃən] エクスィビション	名 展示会，展覧会			
1592	**traditional** [trədíʃənl] トラディショヌル	形 伝統的な，しきたりの			
1593	**craft** [krǽft] クラフト	名 技術，技巧，仕事			
1594	**product** [prádəkt] プラダクト	名 生産物，製品			
1595	**chess** [tʃés] チェス	名 チェス			
1596	**tournament** [túərnəmənt] トゥアナメント	名 トーナメント，勝ち抜き戦			
1597	**Good for you!**	よかったね，やるじゃないか，えらいね			
1598	**champion** [tʃǽmpiən] チャンピオン	名 チャンピオン，優勝者			
1599	**amusement** [əmjúːzmənt] アミューズメント	名 娯楽（設備）；楽しさ，面白さ			
1600	**be worth A [Ving]**	A の［V する］価値がある			
1601	**instrument** [ínstrəmənt] インストラメント	名 ①楽器 ②道具，器具			
1602	**fascinating** [fǽsəneitiŋ] ファスィネイティング	形 魅力的な，うっとりさせる			
1603	**excellent** [éksələnt] エクセレント	形 すばらしい，大変すぐれた			
1604	**skill** [skíl] スキル	名 技量，腕前；技術			
1605	**advertisement** [ædvərtáizmənt] アドヴァタイズメント	名 広告，宣伝，告知			

1606 □	**latest** [léitist] レイティスト	形 最新の 名 最新のもの			
1607 □	**model** [mádl] マドル	名 モデル，型；模型； ファッションモデル			
1608 □	**sneaker** [sníːkər] スニーカ	名 スニーカー			
1609 □	**fashion** [fǽʃən] ファション	名 ①ファッション ②流行			
1610 □	**magazine** [mǽgəzìːn] マガズィーン	名 雑誌			
1611 □	**association** [əsòusiéiʃən] アソウスィエイション	名 ①協会，組織，団体 ②関係，関連，連想			
1612 □	**organize** [ɔ́ːrgənàiz] オーガナイズ	動 ①〈行事・活動など〉を催す ②～を組織する			
1613 □	**badly** [bǽdli] バドリ	副 ①ひどく，とても ②下手に，まずく			
1614 □	**in need**	必要としている			
1615 □	**lend** [lénd] レンド	動 ～を貸す			
1616 □	**let me see**	ええっと			
1617 □	**cartoon** [kɑːrtúːn] カートゥーン	名 アニメ，漫画			
1618 □	**successful** [səksésfl] サクセスフル	形 成功している，好結果の			
1619 □	**common** [kámən] カモン	形 共通の，共有の			
1620 □	**strict** [stríkt] ストリクト	形 厳しい，厳格な			
1621 □	**allow** [əláu] アラウ	動 ～を許す			
1622 □	**alphabet** [ǽlfəbèt] アルファベト	名 アルファベット，ABC			

1623 □	**kindergarten** [kíndərgɑ̀ːrtn] キンダガートン	名 幼稚園			
1624 □	**subject** [sʌ́bdʒekt] サブヂェクト	名 ①主題，テーマ ②教科，学科，科目			
1625 □	**project** [prádʒekt] プラヂェクト	名 計画，（大規模な）事業， 学習課題			
1626 □	**note** [nóut] ノウト	名 ①メモ，覚え書き　②紙幣 動 ～を書き留める			
1627 □	**sheet** [ʃíːt] シート	名 ①（紙の）１枚 ②シーツ，敷布			
1628 □	**in order to V**	V するために			
1629 □	**wide** [wáid] ワイド	形 幅広い			
1630 □	**knowledge** [nálidʒ] ナリヂ	名 知識			
1631 □	**Congratulations!** [kəngrædʒəléiʃən(z)] コングラヂュレイション(ズ)	間 おめでとう！			
1632 □	**amazing** [əméiziŋ] アメイズィング	形〈人・物・ことが〉驚くほどすばらしい，見事だ；驚くべき			
1633 □	**lazy** [léizi] レイズィ	形 なまけて，だらけて； のんびりした			
1634 □	**fail** [féil] フェイル	動〈試験〉で不合格になる； 失敗する			
1635 □	**geography** [dʒiágrəfi] ヂアグラフィ	名 地理（学）			
1636 □	**point** [pɔ́int] ポイント	名 点；論点，言い分；要点			
1637 □	**view** [vjúː] ヴュー	名 ①考え，見方，意見　②視界 動 ～を見る，考える			
1638 □	**be based on A**	A に基づいている			

1639 ☐	**data** [déitə] デイタ	名 データ，資料			
1640 ☐	**hand A out**	A を配る			
1641 ☐	**quiz** [kwíz] クウィズ	名 小テスト			
1642 ☐	**review** [rivjúː] ゥリヴュー	動 ～を復習する 名 復習			
1643 ☐	**principal** [prínsəpl] プリンスイプル	名 校長，会長 形 もっとも重要な，主要な			
1644 ☐	**let** [lét] レト	A に V させる， A が V するのを許可する			
1645 ☐	**advanced** [ədvǽnst] アドヴァンスト	形 上級の，高等の；(最) 先端の			
1646 ☐	**chemistry** [kémistri] ケミストリ	名 化学			

§38 文化・芸術・学校 [単語 No. 1575～1646／例文 s-480～502]

学習日 . .

日本語の意味になるように，キー・センテンスの空所に単語を入れましょう。

s-480 この本の題は『日本の精神と西洋の技術（和魂洋才）』だ。
□ The ______ of this book is *Japanese* ______ *and Western* ______s.

s-481 自由の女神像は 1886 年に作られた。
□ The ______ of ______ was ______ in 1886.

s-482 この詩の作者は活動的な女性です。
□ The ______ of this ______ is an ______ woman.

s-483 私の今の趣味は切手集めです。
□ My ______ ______ ______ is collecting ______s.

s-484 マジックの公演は夜の 12 時に終わった。
□ The ______ ______ was ______ at ______.

s-485 大阪で伝統的な技術製品の展示があった。
□ There was an ______ of ______ ______ ______s in Osaka.

s-486 「チェストーナメントに勝った」「よかったね！ 今や君はチャンピオンだ」
□ “I won the ______ ______.”
“______ ______ ______! Now you are the ______.”

s-487 その遊園地は訪問する価値がある。

☐ The ______ park is ______ visiting.

s-488 彼の楽器の弾き方は魅力的だと思う。彼はすばらしい技量を持っている。

☐ I find his way of playing the ______ ______. He has ______ ______.

s-489 私はファッション雑誌で最新型のスニーカーの宣伝を見た。

☐ I saw an ______ for the ______ ______ of ______ in a ______ ______.

s-490 日本サッカー協会はひどく困っている人たちのためにそのイベントを催した。

☐ The Japan Football ______ ______ the event for people ______ ___ ______.

s-491 「君はジュリアに DVD を貸したのか？」

☐ 「ええっと。ああ，そうだ。アニメ映画を貸した」

"Did you ______ a DVD to Julia?"

"____ ____ ____. Oh, yes, I did. It was a ______ movie."

s-492 成功している学生には共通することがたくさんある。

☐ ______ students have many things in ______.

s-493 その厳しい教師は私たちが授業でインターネットを使うことを許さない。

☐ That ______ teacher doesn't ______ us to use the Internet in class.

s-494 幼稚園児にアルファベットを教える必要があるだろうか？

☐ Is it necessary to teach the ________ to ____________ students?

s-495 彼らは調査計画の主題を理解した。

☐ They understood the _______ of the research _______.

s-496 私は 1 枚の紙にメモを書いた。

☐ I wrote a ____ on a _____ of paper.

s-497 何かを理解するためには，それについて幅広い知識を持つ必要がある。

☐ __ _____ __ understand something, you need to have ____ _________ of it.

s-498 おめでとう！　あなたのスピーチは驚くほどすばらしかった。

☐ _______________! Your speech was _______.

s-499 私は先週なまけすぎて勉強できなくて，地理の試験で不合格になった。

☐ I was too ____ to study last week so I _____ my _________ exam.

s-500 彼の観点はデータに基づいている。

☐ His _____ of ____ __ _____ __ ____.

s-501 彼女は小テストを配る前に，要点を復習した。

☐ Before she ______ ___ the ____, she ________ the important points.

s-502 校長は私に化学の上級クラスを取らせてくれた。

☐ The ________ ___ me take the ________ ________ class.

§39 社会・歴史・関係 [単語 No. 1647～1680／例文 s-503～515]

学習日 ・ ・

No.	単語と発音	品詞と主な意味	書きこみ①	書きこみ②	書きこみ③
1647 □	**shake** [ʃéik] シェイク	動 ～を振る，揺さぶる			
1648 □	**greeting** [grí:tiŋ] グリーティング	名 あいさつ			
1649 □	**owner** [óunər] オウナ	名 所有者，飼い主			
1650 □	**case** [kéis] ケイス	名 場合			
1651 □	**candle** [kǽndl] キャンドル	名 ろうそく			
1652 □	**period** [píəriəd] ピアリオド	名 ①時代；期間，時期 ②ピリオド（終止符）			
1653 □	**windmill** [wíndmil] ウィンドミル	名 風車			
1654 □	**century** [séntʃəri] センチュリ	名 世紀			
1655 □	**launch** [lɔ́:ntʃ] ローンチ	動〈ロケットなど〉を打ち上げる；〈事業など〉を始める			
1656 □	**satellite** [sǽtəlàit] サテライト	名（人工）衛星			
1657 □	**spaceship** [spéisʃìp] スペイスシップ	名 宇宙船			
1658 □	**host** [hóust] ホウスト	名（客を接待する）主人，主催者			
1659 □	**used to V** [jú:sttə] ユース(ト)トゥ	助（以前は）よくVしたものだ，Vだった			
1660 □	**judge** [dʒʌ́dʒ] ヂャヂ	名 裁判官，判事 動 **～を判断する**			

1661 ☐	**complain** [kəmpléin] コンプレイン	動 不満を言う，文句を言う，不平を言う			
1662 ☐	**noise** [nɔ́iz] ノイズ	名 音，騒音			
1663 ☐	**upstairs** [ʌ́pstéərz] アプステアズ	副 形 名 階上（で，へ，の）			
1664 ☐	**campaign** [kænpéin] キャンペイン	名（政治的・社会的）運動			
1665 ☐	**developing country**	発展途上国			
1666 ☐	**army** [áːrmi] アーミ	名 軍，軍隊，陸軍			
1667 ☐	**remove** [rimúːv] ゥリムーヴ	動 ～を取り外す，取り除く，〈食卓の皿など〉を片付ける			
1668 ☐	**landmine** [lǽndmàin] ランドマイン	名 地雷			
1669 ☐	**lonely** [lóunli] ロウンリ	形 孤独な，ひとりぼっちの			
1670 ☐	**modern** [mádərn] マダン	形 現代の			
1671 ☐	**society** [səsáiəti] ソサイエティ	名 社会			
1672 ☐	**media** [míːdiə] ミーディア	名 メディア，マスコミ機関			
1673 ☐	**influence** [ínfluəns] インフルエンス	名 影響 動 ～に影響を与える			
1674 ☐	**choice** [tʃɔ́is] チョイス	名 選択，選ぶこと			
1675 ☐	**think of O as C**	O を C だと考える			
1676 ☐	**eagle** [íːgl] イーグル	名 ワシ			
1677 ☐	**symbol** [símbl] スィンブル	名 象徴，シンボル			

No.	Word	Meaning			
1678 ☐	**freedom** [fríːdəm] フリーダム	名 自由			
1679 ☐	**depend** [dipénd] ディペンド	動 依存する，頼る			
1680 ☐	**resource** [ríːsɔːrs] ゥリーソース	名 資源，資金			

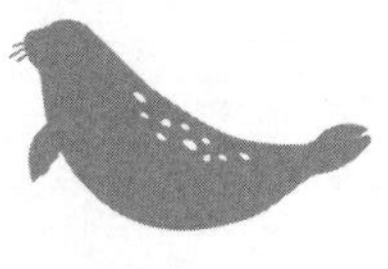

§39 社会・歴史・関係 [単語 No. 1647 ~ 1680 ／例文 s-503 ~ 515]

学習日 　・　・

日本語の意味になるように，キー・センテンスの空所に単語を入れましょう。

s-503 彼らは握手をしてあいさつを交わした。

□ They ____ hands and exchanged ____s.

s-504 飼い主は自分のペットの面倒をみたい。しかし，場合によると，実際にはそうしないことがある。

□ Pet ____s want to take care of their pets, but in some ____, they don't really do so.

s-505 江戸時代にはろうそくの光が使われていた。

□ ____ light was used in the Edo ____.

s-506 この風車は19世紀に建てられた。

□ This ____ was built in the 19th ____.

s-507 このセンターは多くの人工衛星や宇宙船を発射してきた。

□ This center has ____ many ____s and ____s.

s-508 私のホストファーザーはかつて裁判官だった。

□ My ____ father ____ ____ be a ____.

s-509 上の階からの騒音について彼はよく文句を言う。

□ He often ____s about the ____ from ____.

s-510 彼は発展途上国の人々を助ける運動を始めた。

☐ He began a ______ to help people in ______ ______.

s-511 軍がすべての地雷を取り除いた。

☐ The ____ ______ all the ______s.

s-512 現代社会では孤独だと感じる人が多い。

☐ Many people feel ______ in ______ ______.

s-513 メディアは人々の選択に大きな影響を与える。

☐ The ______ have great ______ on people's ______s.

s-514 アメリカ人はワシを自由の象徴だと考える。

☐ Americans ______ ___ the ______ ___ a ______ of ______.

s-515 日本は天然資源を他の国に依存している。

☐ Japan ______s on other countries for natural ______.

§40 感情・感覚；健康・福祉　[単語 No. 1681 ～ 1724 ／例文 s-516 ～ 530]

学習日　・　・

No.	単語と発音	品詞と主な意味	書きこみ①	書きこみ②	書きこみ③
1681 □	**mirror** [mírər] ミラ	名 鏡			
1682 □	**fear** [fíər] フィア	名 恐怖，恐れ 動 ～を恐れる			
1683 □	**pull** [púl] プル	動 ～を引く，引っ張る			
1684 □	**feel like A [Ving]**	A のような感じがする， V したい気がする			
1685 □	**scare** [skéər] スケア	動 ～をこわがらせる			
1686 □	**silence** [sáiləns] サイレンス	名 沈黙，静けさ			
1687 □	**confidence** [kánfidəns] カンフィデンス	名 自信，信頼			
1688 □	**beauty** [bjú:ti] ビューティ	名 美しさ			
1689 □	**although** [ɔ:lðóu] オールゾウ	接 ～にもかかわらず， ～だけれども			
1690 □	**shy** [ʃái] シャイ	形 内気な			
1691 □	**conversation** [kànvərséiʃən] カンヴァセイション	名 会話			
1692 □	**guest** [gést] ゲスト	名 招待客，ホテルの宿泊客			
1693 □	**attendant** [əténdənt] アテンダント	名 接客係，案内係，付添人			
1694 □	**polite** [pəláit] ポライト	形 ていねいな			

No.	Word	Meaning			
1695 ☐	**bow** [báu] バウ	名 おじぎ 動 おじぎをする			
1696 ☐	**pay** [péi] ペイ	動 ～を払う；支払う			
1697 ☐	**attention** [əténʃən] アテンション	名 注意			
1698 ☐	**thick** [θík] スィク	形 厚い, 〈コート，本などが〉分厚い			
1699 ☐	**fog** [fɔ́(ː)g] フォ(ー)グ	名 霧			
1700 ☐	**difficulty** [dífikʌ̀lti] ディフィカルティ	名 困難，苦労			
1701 ☐	**opposite** [ápəzit] アポズィト	形 反対の 名 反対			
1702 ☐	**direction** [dərékʃən] ディレクション	名 方向			
1703 ☐	**disappointed** [dìsəpɔ́intid] ディサポインテイド	形〈人が〉がっかりしている			
1704 ☐	**prize** [práiz] プライズ	名 賞			
1705 ☐	**patient** [péiʃənt] ペイシェント	名 患者 形 しんぼう強い			
1706 ☐	**poison** [pɔ́izn] ポイズン	名 毒，毒薬，毒物			
1707 ☐	**get well**	元気になる			
1708 ☐	**habit** [hǽbit] ハビト	名 習慣			
1709 ☐	**exercise** [éksərsàiz] エクササイズ	名 運動，動かすこと 動 運動する			
1710 ☐	**A (,) such as B**	A，たとえばB；BのようなA			
1711 ☐	**jogging** [dʒágiŋ] ヂャギング	名 ジョギング			

No.	Word	Meaning			
1712 □	**cycling** [sáikliŋ] サイクリング	名 サイクリング			
1713 □	**if** [if] イフ	接 ①〜かどうか ②もし〜なら			
1714 □	**ordinary** [ɔ́:rdənèri] オーディネリ	形 ふつうの，通常の			
1715 □	**trust** [trʌ́st] トラスト	動 〜を信頼する，信用する 名 信頼，信用			
1716 □	**can** [kən] カン	助 ①〜でありうる ②〜できる			
1717 □	**damage** [dǽmidʒ] ダミヂ	名 害，損害 動 〜に損害を与える			
1718 □	**brain** [bréin] ブレイン	名 脳			
1719 □	**service** [sə́:rvəs] サーヴィス	名 事業，仕事，公益事業			
1720 □	**helpful** [hélpfl] ヘルプフル	形 役に立つ，助けになる，有益な			
1721 □	**senior** [sí:njər] スィーニャ	形 高齢の，上級の 名 高齢者，老人			
1722 □	**community** [kəmjú:nəti] コミューニティ	名 地域社会，共同体			
1723 □	**suffer** [sʌ́fər] サファ	動 苦しむ，悩む；〜を経験する			
1724 □	**jet lag** [dʒét lǽg] ヂェトラグ	時差ぼけ			

§40 感情・感覚；健康・福祉 [単語 No. 1681 ～ 1724 ／例文 s-516 ～ 530]

学習日 ＿＿・＿＿・＿＿

日本語の意味になるように，キー・センテンスの空所に単語を入れましょう。

s-516 彼は恐れながら鏡を見た。
☐ He looked in the ＿＿＿＿ with ＿＿＿.

s-517 彼は昔の家のドアを引いて開けたとき，また子どもになったような気がした。
☐ When he ＿＿＿＿ open the door of his old home, he ＿＿＿ ＿＿＿ a child again.

s-518 私は沈黙におびえた。
☐ I was ＿＿＿＿ by the ＿＿＿＿.

s-519 彼女は自分の美しさに自信がある。
☐ She has ＿＿＿＿＿ in her ＿＿＿＿.

s-520 彼女は内気であるにもかかわらず，招待客との会話を楽しんでいる。
☐ ＿＿＿＿ she is ＿＿＿, she still enjoys her ＿＿＿＿＿＿s with the ＿＿＿＿s.

s-521 接客係がていねいなおじぎをした。
☐ The ＿＿＿＿＿ made a ＿＿＿＿ ＿＿＿.

s-522 厚い霧の中では交通に注意を払わなければならない。
☐ You have to ＿＿＿ ＿＿＿＿ to traffic in ＿＿＿＿ ＿＿＿.

s-523 反対の方向に行くのに苦労した。

☐ I had ____ going in the ____ ____.

s-524 競技会で１等賞を取れなかったのでがっかりした。

☐ I was ____ because I didn't get the first ____ in the contest.

s-525 毒を飲んだ患者は数日後に元気になった。

☐ The ____ who took ____ ____ ____ after a few days.

s-526 彼は毎日運動をする習慣がある。たとえばジョギングやサイクリングである。

☐ He has a ____ of doing some ____ every day, ____ ____ ____ or ____.

s-527 ふつうの人々が医者を信頼するのかどうか私にはわからない。

☐ I don't know ____ ____ people ____ doctors.

s-528 喫煙は脳に害を与えることがありうる。

☐ Smoking ____ cause ____ to the ____.

s-529 この事業は地域社会の高齢者の役に立つ。

☐ This ____ is ____ to ____ citizens in our ____.

s-530 私は時差ぼけに苦しんでいる。

☐ I'm ____ from ____ ____.

§41　生活など　[単語 No. 1725～1824／例文 s-531～562]

学習日　・　・

No.	単語と発音	品詞と主な意味	書きこみ①	書きこみ②	書きこみ③
1725 □	**unique** [juːníːk] ユーニーク	形 独特な			
1726 □	**method** [méθəd] メソド	名 方法			
1727 □	**tie** [tái] タイ	動 ～を結ぶ，つなぐ 名 **ネクタイ**			
1728 □	**rope** [róup] ゥロウプ	名 ロープ			
1729 □	**decorate** [dékərèit] デカレイト	動 ～を飾る			
1730 □	**colorful** [kʌ́lərfl] カラフル	形 色彩豊かな，派手な			
1731 □	**object** [ábdʒikt] アブヂクト	名 もの，物体			
1732 □	**carpenter** [káːrpəntər] カーペンタ	名 大工			
1733 □	**repair** [ripéər] ゥリペア	動 ～を修理する			
1734 □	**weak** [wíːk] ウィーク	形 弱い			
1735 □	**spot** [spát] スパト	名 場所			
1736 □	**country** [kʌ́ntri] カントリ	名 ①いなか **②国**			
1737 □	**crowded** [kráudid] クラウデイド	形 混雑した			
1738 □	**noisy** [nɔ́izi] ノイズィ	形 騒がしい，やかましい			
1739 □	**display** [displéi] ディスプレイ	動 ～を示す，見せる 名 **①陳列，展示　②ディスプレイ**			

No.	Word	Meaning			
1740 ☐	**manner** [mǽnər] マナ	名 ①（～s）作法，行儀 **②やり方，方法；物腰**			
1741 ☐	**public** [pʌ́blik] パブリク	形 公共の，公の			
1742 ☐	**fold** [fóuld] フォウルド	動 ～をたたむ，折る			
1743 ☐	**towel** [táuəl] タウエル	名 タオル			
1744 ☐	**beside** [bisáid] ビサイド	前 ～のそばに，近くに			
1745 ☐	**hang** [hǽŋ] ハング	動 ～をつるす，かけて飾る			
1746 ☐	**flag** [flǽg] フラグ	名 旗			
1747 ☐	**fence** [féns] フェンス	名 へい，囲い，フェンス			
1748 ☐	**gesture** [dʒéstʃər] ヂェスチャ	名 ジェスチャー，身ぶり			
1749 ☐	**instead of A** [instéd] インステド	A の代わりに			
1750 ☐	**expect** [ikspékt] イクスペクト	動 ～を期待する，予期する			
1751 ☐	**ancient** [éinʃənt] エインシェント	形 古代の			
1752 ☐	**mystery** [místəri] ミスタリ	名 謎，ミステリー			
1753 ☐	**according to A** [əkɔ́ːrdiŋ] アコーディング	A によると			
1754 ☐	**shine** [ʃáin] シャイン	動 光る，輝く，照る			
1755 ☐	**turn A off**	A〈明かりなど〉を消す， A〈ガスなど〉を止める			
1756 ☐	**breath** [bréθ] ブレス	名 息，呼吸			

No.	Word	Meaning			
1757 □	**rental** [réntl] ゥレントル	形 賃貸の，レンタルの			
1758 □	**couple** [kʌ́pl] カプル	名 1 組；夫婦，男女の 1 組			
1759 □	**purse** [pə́ːrs] パース	名（女性の）財布，ハンドバッグ；小銭入れ			
1760 □	**wallet** [wɑ́lət] ワレト	名（男性の）札入れ，財布			
1761 □	**steal** [stíːl] スティール	動 ～を盗む			
1762 □	**no longer** [lɔ́(ː)ŋgər] ロ(ー)ンガ	もはや…ない			
1763 □	**contact** [kɑ́ntækt] カンタクト	名 接触，連絡 動 ～と接触する			
1764 □	**album** [ǽlbəm] アルバム	名 アルバム			
1765 □	**hide** [háid] ハイド	動 ～を隠す			
1766 □	**lie** [lái] ライ	名 うそ 動 ①うそをつく　②横たわる			
1767 □	**positive** [pɑ́zətiv] パズィティヴ	形 積極的な，肯定的な			
1768 □	**attitude** [ǽtət(j)ùːd] アティトゥード	名 姿勢，態度			
1769 □	**might** [máit] マイト	助 ～かもしれない			
1770 □	**guess** [gés] ゲス	動（～だと）推察［推測］する，～と思う；(～を) 推測する			
1771 □	**go through A**	A を経験する			
1772 □	**hardship** [hɑ́ːrdʃip] ハードシプ	名 困難，困窮			
1773 □	**wish** [wíʃ] ウィシュ	動 ～を願う，～であればいいのに 名 願い，望み（のもの）			

No.	Word	Meaning			
1774 ☐	**anywhere** [énihwèər] エニウェア	副 どこにも，どこへも，どこかへ			
1775 ☐	**except** [iksépt] イクセプト	前 ～を除いて，以外に			
1776 ☐	**if it were not for A**	もしAがなければ			
1777 ☐	**succeed** [səksíːd] サクスィード	動 成功する			
1778 ☐	**stay up**	寝ないで起きている			
1779 ☐	**awake** [əwéik] アウェイク	形 目が覚めて，眠らずに			
1780 ☐	**sweater** [swétər] スウェタ	名 セーター			
1781 ☐	**bottom** [bátəm] バタム	形 名 一番下（の），底（の）			
1782 ☐	**drawer** [drɔ́ːr] ドロー	名 引き出し			
1783 ☐	**glove** [glʌ́b] グラヴ	名 手袋			
1784 ☐	**fit** [fít] フィト	動 ～にぴったり合う，適合する			
1785 ☐	**guy** [gái] ガイ	名 ①男，やつ ②（～s）みんな，君たち			
1786 ☐	**panic** [pǽnik] パニク	名 パニック，動揺，錯乱状態			
1787 ☐	**turn** [tə́ːrn] ターン	動〈ある状態・色〉になる 名 順番			
1788 ☐	**pale** [péil] ペイル	形 青白い；白っぽい			
1789 ☐	**upset** [ʌpsét] アプセ	形 取り乱している 動 ～の心を乱す			
1790 ☐	**calm** [kɑ́ːm] カーム	動 落ち着く；～を静める，落ち着かせる，なだめる			

No.	Word	Meaning			
1791	**overcome** [òuvərkʌ́m] オウヴァカム	動 ～を克服する，～に打ち勝つ			
1792	**challenge** [tʃǽlindʒ] チャリンヂ	名 ①難題，課題 ②挑戦，チャレンジ			
1793	**remind** [rimáind] ゥリマインド	動〈人〉に A を思い出させる			
1794	**appointment** [əpɔ́intmənt] アポイントメント	名 約束，予約			
1795	**boss** [bɔ́(ː)s] ボ（ー）ス	名 上司，上役			
1796	**manager** [mǽnidʒər] マニヂャ	名 経営者，支配人； （野球チームの）監督			
1797	**earn** [ə́ːrn] アーン	動 ～を稼ぐ，得る			
1798	**double** [dʌ́bl] ダブル	形 2倍の，二重の 名 2倍 動 ～を2倍にする			
1799	**salary** [sǽləri] サラリ	名 給料，月給			
1800	**You must be kidding.**	冗談だろ，まさか			
1801	**at last**	ついに，やっと，最後に			
1802	**get A back**	① A を取り返す，返してもらう ②戻る，帰る			
1803	**apartment** [əpáːrtmənt] アパートメント	名 マンション，アパート			
1804	**rent** [rént] ゥレント	名 家賃 動 ～を賃借［賃貸］する			
1805	**cash** [kǽʃ] キャシュ	名 現金			
1806	**baggage** [bǽgidʒ] バギヂ	名 手荷物			
1807	**fee** [fíː] フィー	名 料金，手数料			

No.	Word	Meaning			
1808 ☐	**in addition to A**	A に加えて，A のほかにも			
1809 ☐	**regular** [régjələr] ゥレギュラ	形 通常の；規則的な			
1810 ☐	**fare** [féər] フェア	名 運賃			
1811 ☐	**mechanic** [məkǽnik] メキャニク	名 整備士，機械工			
1812 ☐	**improve** [imprúːv] インプルーヴ	動 ～を改良する，改善する			
1813 ☐	**little by little**	少しずつ			
1814 ☐	**careful** [kéərfl] ケアフル	形 気をつけて，注意して			
1815 ☐	**download** [dáunlòud] ダウンロウド	動 ～をダウンロードする 名 ダウンロード			
1816 ☐	**file** [fáil] ファイル	名 ファイル；記録，データ			
1817 ☐	**unknown** [ʌnnóun] アンノウン	形 不明の，未知の			
1818 ☐	**source** [sɔ́ːrs] ソース	名 情報源，源；原因，発生源			
1819 ☐	**pack** [pǽk] パク	動〈衣類など〉を詰める；詰める 名 パック，箱			
1820 ☐	**stuff** [stʌ́f] スタフ	名 所持品，荷物；もの，こと			
1821 ☐	**go back**	戻る，帰る			
1822 ☐	**hear O C** [híər] ヒア	O が C なのが聞こえる			
1823 ☐	**exit** [égzit] エグズィト	名 出口；退場			
1824 ☐	**shut** [ʃʌ́t] シャト	動 ～を閉める，閉じる；閉まる			

§41 生活など [単語 No. 1725 ~ 1824 ／例文 s-531 ~ 562]

学習日 　　.　　.

日本語の意味になるように，キー・センテンスの空所に単語を入れましょう。

s-531 彼は私たちに独特なロープの結び方を見せた。

☐ He showed us a ______ ______ of ______ a ______.

s-532 彼女は色彩豊かなもので家を飾る。

☐ She ______s her home with ______ ______s.

s-533 大工が屋根の弱い場所を修理した。

☐ A ______ ______ a ______ ______ in the roof.

s-534 混雑した，騒がしい都会生活から離れて，彼はいなかに住んでいる。

☐ He lives in the ______ away from ______, ______ city life.

s-535 彼は公共の場で良い作法を見せた。

☐ He ______ good ______ in ______ places.

s-536 彼女はタオルをたたみ，それを風呂のそばに置いた。

☐ She ______ a ______ and put it ______ the bath.

s-537 彼はへいに旗をかけた。

☐ He ______ a ______ on the ______.

s-538 私たちはときどき言葉の代わりにジェスチャーを使う。

☐ We sometimes use ______s ______ ___ words.

s-539 君がアトランティスの古代の謎を解くことを期待する。

☐ I ______ you to solve the ______ ______ of Atlantis.

s-540 天気予報によると，明日は太陽が輝くでしょう。

☐ ______ ___ the weather report, the sun will be ______ tomorrow.

s-541 私はコンピュータを消し，深く息を吸った。

☐ I ______ ___ the computer and took a deep ______.

s-542 私は 2，3 回車のレンタルサービスを使った。

☐ I have used a car ______ service a ______ of times.

s-543 彼女の財布と彼の札入れが盗まれた。

☐ Her ______ and his ______ were ______.

s-544 私はアルバムの誰ともはや連絡できなかった。

☐ I could ___ ______ make ______ with anyone in the photo ______.

s-545 秘密を隠してもいい。でもうそは言うな。

☐ You can ______ your secret, but don’t tell a ___.

s-546 彼女は人生に対して積極的な姿勢を持っている。

☐ She has a ______ ______ toward life.

s-547 察しておられるかもしれませんが，そこで彼は困難を経験するでしょう。

☐ As you ______ ______, he will ___ ______ ______s there.

s-548 私はここ以外ならどこにいてもいいのに。

☐ I ______ I were ______ ______ here.

s-549 もし君の助言がなければ，私が成功する可能性はないだろう。

☐ ___ ___ ______ _____ _____ your advice, I would have no chance of ______.

s-550 彼女は一晩中起きて，はっきりと目が覚めていた。

☐ She ______ ___ all night, wide ______.

s-551 彼はセーターを一番下の引き出しに入れた。

☐ He put the ______ in the ______ ______.

s-552 この手袋はよく私に合う。

☐ These ______ ___ me well.

s-553 その男はパニックになって，青白くなった。

☐ The _____ was in a ______ and ______ _____.

s-554 そんなに動揺しないで。落ち着きなさい。私たちはこの難題を克服するだろう。

☐ Don't get so ______. ______ down. We will ______ this ______.

s-555 携帯電話のおかげで私は上司との約束を思い出した。

☐ My cellphone ______ me of an ______ with my ______.

s-556 「その経営者は君の給料の倍を稼ぐ」「冗談だろ」

☐ "The ______ ______s ______ your ______."

"______ ______ ______ ______."

s-557 ついに彼は自分のお金を取り返し，現金でマンションの家賃を払った。

☐ ______ ______ he ______ his money ______ and paid the ______ ______ in ______.

s-558 普通運賃に加えて，手荷物料金を支払わなければならなかった。

☐ I had to pay a ______ ______ ______ ______ the ______.

s-559 整備士たちは少しずつ古い車を改良した。

☐ The ______s ______ the old car ______ ______ ______.

s-560 不明な情報源からファイルをダウンロードする前に注意しなさい。

☐ Be ______ before you ______ a ______ from an ______ ______.

s-561 彼は自分の荷物を詰め込んで，家に帰った。

☐ He ______ up his ______ and ______ ______ home.

s-562 出口へのドアが閉まるのが彼女には聞こえた。

☐ She ______ the door to the ______ ______.

§37 自然・生物 p. 194

s-469 "Wow! That white crane is spreading its wings."
"Pardon? What did you say?"

s-470 The sunlight at sunrise and sunset is red.

s-471 I feed my cat both dry and wet food.

s-472 A bat has the ability to fly in the dark.

s-473 Pig skin is similar to human skin.

s-474 There was a fat frog in the weeds.

s-475 Spiders make webs to catch insects.

s-476 As soon as bees start attacking you, run away.

s-477 He did many experiments on whales, dolphins, and so on.

s-478 There is a butterfly in the cage.

s-479 A barking dog seldom bites.

§38 文化・芸術・学校 p. 201

s-480 The title of this book is *Japanese Spirit and Western Techniques*.

s-481 The Statue of Liberty was created in 1886.

s-482 The author of this poem is an active woman.

s-483 My hobby right now is collecting stamps.

s-484 The magic performance was over at midnight.

s-485 There was an exhibition of traditional craft products in Osaka.

s-486 "I won the chess tournament."
"Good for you! Now you are the champion."

s-487 The amusement park is worth visiting.

s-488 I find his way of playing the instrument fascinating. He has excellent skill.

s-489 I saw an advertisement for the latest model of sneakers in a fashion magazine.

s-490 The Japan Football Association organized the event for people badly in need.

s-491 "Did you lend a DVD to Julia?"
"Let me see. Oh, yes, I did. It was a cartoon movie."

s-492 Successful students have many things in common.

s-493 That strict teacher doesn't allow us to use the Internet in class.

s-494 Is it necessary to teach the alphabet to kindergarten students?

s-495 They understood the subject of the research project.

s-496 I wrote a note on a sheet of paper.

s-497 In order to understand something, you need to have wide knowledge of it.

s-498 Congratulations! Your speech was amazing.

s-499 I was too lazy to study last week so I failed my geography exam.

s-500 His point of view is based on data.

s-501 Before she handed out the quiz, she reviewed the important points.

s-502 The principal let me take the advanced chemistry class.

§39 社会・歴史・関係 p. 207

s-503 They shook hands and exchanged greetings.

s-504 Pet owners want to take care of their pets, but in some cases, they don't really do so.

s-505 Candle light was used in the Edo period.

s-506 This windmill was built in the 19th century.

s-507 This center has launched many satellites and spaceships.

s-508 My host father used to be a judge.

s-509 He often complains about the noise from upstairs.

s-510 He began a campaign to help people in developing countries.

s-511 The army removed all the landmines.

s-512 Many people feel lonely in modern society.

s-513 The media have great influence on people's choices.

s-514 Americans think of the eagle as a symbol of freedom.

s-515 Japan depends on other countries for natural resources.

§40 感情・感覚；健康・福祉 p. 212

s-516 He looked in the mirror with fear.

s-517 When he pulled open the door of his old home, he felt like a child again.

s-518 I was scared by the silence.

s-519 She has confidence in her beauty.

s-520 Although she is shy, she still enjoys her conversations with the guests.

s-521 The attendant made a polite bow.

s-522 You have to pay attention to traffic in thick fog.

s-523 I had difficulty going in the opposite direction.

s-524 I was disappointed because I didn't get the first prize in the contest.

s-525 The patient who took poison got well after a few days.

s-526 He has a habit of doing some exercise every day, such as jogging or cycling.

s-527 I don't know if ordinary people trust doctors.

s-528 Smoking can cause damage to the brain.

s-529 This service is helpful to senior citizens in our community.

s-530 I'm suffering from jet lag.

§41 生活など p. 220

s-531 He showed us a unique method of tying a rope.

s-532 She decorates her home with colorful objects.

s-533 A carpenter repaired a weak spot in the roof.

s-534 He lives in the country away from crowded, noisy city life.

s-535 He displayed good manners in public places.

s-536 She folded a towel and put it beside the bath.

s-537 He hung a flag on the fence.

s-538 We sometimes use gestures instead of words.

s-539 I expect you to solve the ancient mystery of Atlantis.

s-540 According to the weather report, the sun will be shining tomorrow.

s-541 I turned off the computer and took a deep breath.

s-542 I have used a car rental service a couple of times.

s-543 Her purse and his wallet were stolen.

s-544 I could no longer make contact with anyone in the photo album.

s-545 You can hide your secret, but don't tell a lie.

s-546 She has a positive attitude toward life.

s-547 As you might guess, he will go through hardships there.

s-548 I wish I were anywhere except here.

s-549 If it were not for your advice, I would have no chance of succeeding.

s-550 She stayed up all night, wide awake.

s-551 He put the sweater in the bottom drawer.

s-552 These gloves fit me well.

s-553 The guy was in a panic and turned pale.

s-554 Don't get so upset. Calm down. We will overcome this challenge.

s-555 My cellphone reminded me of an appointment with my boss.

s-556 "The manager earns double your salary." "You must be kidding."

s-557 At last he got his money back and paid the apartment rent in cash.

s-558 I had to pay a baggage fee in addition to the regular fare.

s-559 The mechanics improved the old car little by little.

s-560 Be careful before you download a file from an unknown source.

s-561 He packed up his stuff and went back home.

s-562 She heard the door to the exit shut.

書きこみ文法チェック

『中学版システム英単語〈改訂版〉』（別売）に掲載されている「文法チェック」から，一部の表や例文を載せてあります。
重要な単語や英語例文は薄い赤字になっていますので，単語集の説明で文法のポイントを確認しながら，なぞったり赤シートで隠したりして覚えましょう。

人称代名詞などの使い方 ➡ 単語集 p.7

人称			主格「～が」「～は」	所有格「～の」	目的格「～を」	所有代名詞「～のもの」
1人称	単数	私	I	my	me	mine
	複数	私たち	we	our	us	ours
2人称	単数	あなた	you	your	you	yours
	複数	あなたたち				
3人称	単数	彼	he	his	him	his
		彼女	she	her	her	hers
		それ	it	its	it	―
	複数	彼(女)ら・それら	they	their	them	theirs
	単数	代名詞以外	Peter	Peter's	Peter	Peter's
	複数	代名詞以外	students	students'	students	students'

be 動詞の使い方　①現在形

➡ 単語集 p.16

主語	be 動詞の現在形	文の種類	例文	
I （1人称）	am	肯定文	私は学生です。	I am a student.
		否定文	私は学生ではない。	I am not a student.
		疑問文	私は学生ですか？	Am I a student?
you （2人称 「あなた（たち）は」）	are	肯定文	あなたは学生です。	You are a student.
		否定文	あなたは学生ではない。	You are not a student.
		疑問文	あなたは学生ですか？	Are you a student?
we, they など 複数の名詞	are	肯定文	彼らは学生です。	They are students.
		否定文	彼らは学生ではない。	They are not students.
		疑問文	彼らは学生ですか？	Are they students?
he, she, it, this など3人称単数の名詞	is	肯定文	彼は学生です。	He is a student.
		否定文	彼は学生ではない。	He is not a student.
		疑問文	彼は学生ですか？	Is he a student?

主語＋ be 動詞の短縮形 ➡ 単語集 p.17

I am	→	I'm
I am not	→	I'm not
you are	→	you're
you are not	→	you aren't ; you're not
he is she is it is	→	he's she's it's
he is not she is not it is not	→	he isn't ; he's not she isn't ; she's not it isn't ; it's not

数字（基数詞と序数詞）

単語集 p.27

〈基数詞〉

1	one	15	fifteen	29	twenty-nine
2	two	16	sixteen	30	thirty
3	three	17	seventeen	40	forty
4	four	18	eighteen	50	fifty
5	five	19	nineteen	60	sixty
6	six	20	twenty	70	seventy
7	seven	21	twenty-one	80	eighty
8	eight	22	twenty-two	90	ninety
9	nine	23	twenty-three	100	one hundred
10	ten	24	twenty-four	101	one hundred one
11	eleven	25	twenty-five	1000	one thousand
12	twelve	26	twenty-six	1001	one thousand one
13	thirteen	27	twenty-seven		
14	fourteen	28	twenty-eight		

〈序数詞〉

1st	first	15th	fifteenth	29th	twenty-ninth
2nd	second	16th	sixteenth	30th	thirtieth
3rd	third	17th	seventeenth	40th	fortieth
4th	fourth	18th	eighteenth	50th	fiftieth
5th	fifth	19th	nineteenth	60th	sixtieth
6th	sixth	20th	twentieth	70th	seventieth
7th	seventh	21st	twenty-first	80th	eightieth
8th	eighth	22nd	twenty-second	90th	ninetieth
9th	ninth	23rd	twenty-third	100th	one hundredth
10th	tenth	24th	twenty-fourth	101st	one hundred first
11th	eleventh	25th	twenty-fifth	1000th	one thousandth
12th	twelfth	26th	twenty-sixth	1001st	one thousand first
13th	thirteenth	27th	twenty-seventh		
14th	fourteenth	28th	twenty-eighth		

一般動詞の３単現（３人称単数現在形）

➡ 単語集 p.38

(1) **原形＋ -s**
シルビアはりんごが好きだ。
Silvia likes apples.

(2) **原形＋ -es**
彼は英語を教える。
He teaches English.

(3) **-y ➡ -ies**
彼女は毎日英語を勉強する。
She studies English every day.

(4) **have ➡ has**
父は９時に夕食を食べる。
My father has dinner at nine.

一般動詞の否定文・疑問文

➡ 単語集 p.39

(1) **否定文 《主語＋ do［does］not ＋動詞の原形 ...》**
彼女は毎日英語を勉強するわけではない。
She does not study English every day.

(2) **疑問文 《Do［Does］＋主語＋動詞の原形 ... ？》**
彼女は毎日英語を勉強しますか？
Does she study English every day?

現在進行形

➡ 単語集 p.68

(1) **〈be 動詞＋ Ving〉「今～している」～現在進行中の動作～**

彼女はキッチンでお茶を飲んでいます。〈今していること〉

She is drinking tea in the kitchen.

彼女はキッチンでお茶を飲みます。〈習慣〉

She drinks tea in the kitchen.

(2) **進行形の否定文・疑問文**

彼女はキッチンでお茶を飲んでいません。

She is not drinking tea in the kitchen.

彼女はキッチンでお茶を飲んでいますか？

Is she drinking tea in the kitchen?

be 動詞の使い方　②過去形

単語集 p.86

主語	現在形	過去形	過去形の否定［短縮形］
I	am	was	was not [wasn't]
he, she, it	is	was	was not [wasn't]
we, you, they	are	were	were not [weren't]

彼は先週の月曜日病気でした。

He was sick last Monday.

昨日彼らは家にいなかった。

They were not at home yesterday.

自動詞と他動詞

➡ 単語集 p.91

私は京都に住んでいる。

I live in Kyoto.

私は野菜が好きだ。

I like vegetables.

彼は自分の国に戻った。

He returned to his country.

彼は図書館にその本を返した。

He returned the book to the library.

there 構文〈There + be 動詞+名詞〉

➡ 単語集 p.124

テーブルの上に本がある。

There is a book on the table.

テーブルの上に３冊の本がある。

There are three books on the table.

私たちの庭には木がありません。

There is not a tree in our garden.

あなたの庭には木がありますか？

Is there a tree in your garden?

動名詞の使い方

➡ 単語集 p.131

(1) **進行形と動名詞の違い**

母は料理をしている。

My mother is cooking.

私の仕事は英語を教えることだ。

My job is teaching English.

(2) **不定詞と動名詞**

私はいつかスペインに行きたい。

I want to go to Spain someday.

彼はその本を読み終えた。

He finished reading the book.

(3) **〈前置詞 +Ving〉**

私は留学することに興味がある。

I am interested in studying abroad.

SVOO の文型（主語＋動詞＋目的語＋目的語）

単語集 p.145

私はスーザンに贈り物をあげた。

I gave Susan a present.

＝ I gave a present to Susan.

彼女はグレッグに絵本を買った。

She bought Greg a picture book.

＝ She bought a picture book for Greg.

SVC の文型（主語＋動詞＋補語）

単語集 p.150

彼女はいい教師だ。

She is a good teacher.

彼は有名になった。

He became famous.

メグは怒った。

Meg got angry.

私は幸せな気持ちだ。

I feel happy.

不定詞の使い方

➡ 単語集 p.159

(1) 不定詞の名詞的用法

①目的語として

私は新しい車が欲しい。

I want a new car.

私は外国に行きたい。

I want to go abroad.

②主語として

その本は本当におもしろい。

The book is really interesting.

英語を勉強することは本当におもしろい。

To study English is really interesting.

③補語として

私の夢は俳優になることです。

My dream is to become an actor.

(2) 不定詞の形容詞的用法

飲み物を持ってきてください。

Please bring something to drink.

私はやるべき宿題がたくさんあります。

I have a lot of homework to do.

(3) 不定詞の副詞的用法

演劇を見るために私は劇場に行った。

I went to the theater to see a drama.

その知らせを聞いて私は驚いた。

I was surprised to hear the news.

時刻の表し方・読み方

➡ 単語集 p.170

「今何時ですか？」――「2時です」

"What time is it now?"

―― "It's two (o'clock)."

8:10 (a.m.)	eight ten (a.m.) ten past eight (a.m.) = ten after eight	「(午前) 8時10分」 「(午前) 8時10分過ぎ」
7:50 (p.m.)	seven fifty (p.m.) ten to eight (p.m.)	「(午後) 7時50分」 「(午後) 8時10分前」
3:15	three fifteen a quarter past three = a quarter after three	「3時15分」 「3時15分過ぎ」
4:45	four forty-five a quarter to five	「4時45分」 「5時15分前」
11:30	eleven thirty half past eleven	「11時30分」 「11時半」

前置詞と接続詞

単語集 p.177

(1) 前置詞の働き

私は飛行機でロンドンに行った。

I went to London by plane.

私はそのニュースに驚いた。

I was surprised at the news.

私は駅近くの書店で働いている。

I work at the bookstore near the station.

(2) 接続詞の種類

①等位接続詞 ～ and, or, but

私は犬と猫を飼っている。

I have a dog and a cat.

学校には自転車で行きますか，それともバスで行きますか？

Do you go to school by bike or by bus?

彼は幸せだったが，彼の妻は疲れていた。

He was happy but his wife was tired.

②副詞節を導く接続詞 ～ when，if，because など

13 歳の時に私はロンドンに行った。

I went to London when I was thirteen.

= When I was thirteen, I went to London.

電車に乗りそこねたので私は仕事に遅れた。

I was late for work because I missed my train.

= Because I missed my train I was late for work.

受動態

➡ 単語集 p.179

彼女は子どもたちに愛されている。

She is loved by the children.

オーストラリアでは英語が話されている。

English is spoken in Australia.

現在完了形

単語集 p.193

(1) **現在までの継続「(ずっと) ~している」**

私は京都に 10 年間住んでいる。

I have lived in Kyoto for ten years.

(2) **経験「~したことがある」**

私は3回ロンドンを訪れたことがある。

I have visited London three times.

以前にメグのお兄さんに会ったことがありますか?

Have you seen Meg's brother before?

(3) **完了・結果「~したところだ」「~してしまった」**

私はちょうど宿題をやり終えたところだ。

I have just finished my homework.

私は携帯電話をなくしてしまった。

I have lost my cellphone.

命令文＋ and S V ...

単語集 p.201

2つめの角を左に曲がりなさい。そうすると，右側に見えます。

Turn left at the second corner and you'll see it on your right.

再帰代名詞

単語集 p.203

～self，～selves は再帰代名詞といい，「～自身」という意味を表す。再帰代名詞の代表として，oneself と示すことがあるが，人称を区別して用いる文中では，下の表の形で用いる。

単数		複数	
私自身	myself	私たち自身	ourselves
あなた自身	yourself	あなたたち自身	yourselves
彼自身	himself	彼ら自身	themselves
彼女自身	herself	彼女ら自身	
それ自身	itself	それら自身	

あなたは自分自身を知るべきだ。

You should know yourself.

SVOC の文型（主語＋動詞＋目的語＋補語）

単語集 p.208

(1) **SVOC（C には形容詞・名詞）**

私たちは家の猫をキティと呼ぶ。

We call our cat Kitty.

彼の言葉が彼女を怒らせた。

His words made her angry.

彼女は自分の部屋をきれいにしておいた。

She kept her room clean.

(2) **SV + A + to V**

明日あなたにパーティーに参加してほしい。

I want you to join the party tomorrow.

彼は私に一緒に来るよう頼んだ。

He asked me to come with him.

彼女は私に遅れないように言った。

She told me not to be late.

形式主語の it

➡ 単語集 p.216

英語を学ぶことはむずかしい。

To learn English is difficult.

= It is difficult to learn English.

彼が車を運転するのはかんたんだ。

It is easy for him to drive a car.

wh（疑問詞）+ to V

➡ 単語集 p.218

私は自転車の乗り方を覚えたい。

I want to learn how to ride a bike.

私は何をすべきかわからない。

I don't know what to do.

名詞を修飾する現在分詞・過去分詞

➡ 単語集 p.223

(1) **[(分詞) +名詞]**

泣いている赤ちゃんは私の妹です。

The crying baby is my sister.

彼らは私の盗まれたカバンを見つけた。

They found my stolen bag.

(2) **[名詞+ (分詞…)]**

水を飲んでいるあの男は誰ですか？

Who is that man drinking water?

ベッドで寝ている赤ちゃんは私の弟です。

The baby sleeping in the bed is my brother.

リトルウッドによって書かれた本を買った。

I bought a book written by Littlewood.

間接疑問文

➡ 単語集 p.227

彼女がいつ帰ってくるかわからない。

I don't know when she will come back.

彼女はどこに住んでいるのか，彼にたずねた。

I asked him where she lives.

関係詞節

➡ 単語集 p.237

(1) **主格の関係代名詞（関係代名詞が節中の主語）**

ニューヨークに住んでいる友だちがいます。

I have a friend who lives in New York.

＝ I have a friend that lives in New York.

これは駅に行くバスです。

This is a bus which goes to the station.

＝ This is a bus that goes to the station.

(2) **目的格の関係代名詞とその省略**

彼は昨年の夏ロンドンで会った友人です。

He is a friend who I met in London last summer.

＝ He is a friend that I met in London last summer.

＝ He is a friend I met in London last summer.

昨日読んだ本はとてもわくわくした。

The book which I read yesterday was really exciting.

＝ The book that I read yesterday was really exciting.

＝ The book I read yesterday was really exciting.

enough to V / too A to V / so A that ～

➡ 単語集 p.271

ビルはとても親切で私を家まで送ってくれた。

Bill was kind enough to take me home.

= Bill was so kind that he took me home.

私は疲れすぎたのでこれ以上走れない。

I'm too tired to run any more.

= I'm so tired that I can't run any more.

その問題はメグにはむずかしすぎて解けない。

The problem is too difficult for Meg to solve.

= The problem is so difficult that Meg can't solve it.

知覚動詞＋O＋C

➡ 単語集 p.320

(1) **C に動詞の原形（V）**

私は彼が私の家に入るのを見た。

I saw him go into my house.

私は大きな音を立てて飛行機が離陸するのを聞いた。

I heard a plane take off with a loud noise.

(2) **C に現在分詞（Ving）**

誰かが私の方にやってくるのが見えた。

I saw someone coming toward me.

彼らが歌っているのが聞こえた。

I heard them singing.

(3) **C に過去分詞（Ved）**

その木が切り倒されるのを見た。

I saw the tree cut down.

私は自分の名前が呼ばれるのを聞いた。

I heard my name called.

動詞の活用　過去形と過去分詞

➡ 単語集 p.323

不規則動詞の活用形　不規則動詞変化表①　過去形と過去分詞が同じもの

意味	原形	過去形	過去分詞
持ってくる	bring	brought	brought
建てる	buid	built	built
買う	buy	bought	bought
つかまえる	catch	caught	caught
切る	cut	cut	cut
掘る	dig	dug	dug
感じる	feel	felt	felt
見つける	find	found	found
つるす	hang	hung	hung
持っている	have	had	had
聞く	hear	heard	heard
たたく，打つ	hit	hit	hit
持つ，抱く	hold	held	held
傷つける	hurt	hurt	hurt
保つ	keep	kept	kept
置く	lay	laid	laid

出発する	leave	left	left
なくす	lose	lost	lost
作る	make	made	made
意味する	mean	meant	meant
会う	meet	met	met
置く	put	put	put
読む	read	read	read
言う	say	said	said
売る	sell	sold	sold
送る	send	sent	sent
輝く	shine	shone / shined	shone / shined
座る	sit	sat	sat
眠る	sleep	slept	slept
費やす	spend	spent	spent
立つ	stand	stood	stood
教える	teach	taught	taught
言う	tell	told	told
思う	think	thought	thought

理解する	understand	understood	understood
勝つ	win	won	won

不規則動詞の活用形　不規則動詞変化表②　過去形と過去分詞が違うもの

意味	原形	過去形	過去分詞
～です	be	was・were	been
～になる	become	became	become
始める	begin	began	begun
噛む	bite	bit	bitten
吹く	blow	blew	blown
壊す	break	broke	broken
選ぶ	choose	chose	chosen
来る	come	came	come
する	do	did	done
描く	draw	drew	drawn
飲む	drink	drank	drunk
運転する	drive	drove	driven
食べる	eat	ate	eaten
落ちる	fall	fell	fallen

飛ぶ	fly	flew	flown
忘れる	forget	forgot	forgot / forgotten
得る	get	got	got / gotten
与える	give	gave	given
行く	go	went	gone
成長する	grow	grew	grown
隠す	hide	hid	hidden
知っている	know	knew	known
横になる	lie	lay	lain
乗る	ride	rode	ridden
鳴る	ring	rang / rung	rung
のぼる	rise	rose	risen
走る	run	ran	run
見る	see	saw	seen
振る	shake	shook	shaken
見せる	show	showed	shown / showed
歌う	sing	sang	sung
話す	speak	spoke	spoken

盗む	steal	stole	stolen
泳ぐ	swim	swam	swum
取る	take	took	taken
投げる	throw	threw	thrown
着ている	wear	wore	worn
書く	write	wrote	written

分詞形容詞・surprise 型

➡ 単語集 p.326

その知らせは驚くべきものだった。

The news was surprising.

私はその知らせに驚いた。

I was surprised at the news.

そのゲームはどきどきさせるものだった。

The game was exciting.

彼はそのゲームにどきどきした。

He was excited at the game.

助動詞 can，may，must など

➡ 単語集 p.329

(1) can，may，must の基本

彼女はとても上手に泳ぐことができる。

She can swim very well.

このコンピュータを使っていいですか？
── はい，もちろんです。／いいえ，だめです。

"May I use this computer?"
── "Yes, of course." / "No, you may not."

あなたはお母さんを手伝わなければならない。

You must help your mother.
≒ You have to help your mother.

この電話を使ってはいけません。

You must not use this phone.

このバッグを運ばなければいけませんか？
── いいえ，そうする必要はありません。

"Must I carry this bag?"
── "No, you don't have to."

(2) 可能性・推量を表す can，may，must

たとえ４月でもここはとても寒くなることがある。

It can be very cold here, even in April.

それが本当であるはずがない。

It can't be true.

彼女はうちにいるかもしれない。

She may be at home.

彼女はうちにいないかもしれない。

She may not be at home.

彼女はお腹がすいているに違いない。

She must be hungry.

that 節の働き

➡ 単語集 p.331

彼がこの映画をとても好きだということを私は知っている。

I know (that) he loves this film very much.

あなたが無事で私はうれしい。

I'm glad (that) you're safe.

彼が新しい車を買ったのは本当だ。

It is true (that) he bought a new car.

その知らせに私は驚いた。

I was surprised at the news.

彼がそこにいたことに私は驚いた。

I was surprised that he was there.

中学版システム英単語〈改訂版対応〉
書きこみ練習ノート

著　　者　霜　康司
発 行 者　山﨑良子
印刷・製本　日経印刷株式会社

発 行 所　駿台文庫株式会社
〒101-0062　東京都千代田区神田駿河台1-7-4
小畑ビル内
TEL. 編集 03(5259)3302
販売 03(5259)3301
《③－264pp.》

落丁・乱丁がございましたら，送料小社負担にてお取替えいたします。
ISBN978-4-7961-1154-6　Printed in Japan

駿台文庫 Web サイト
https://www.sundaibunko.jp